Helen Leuninger
Universum Universität

ZeitZeugnis.

Vitale Historiographien
aus den Wissenschaften

Hrsg. v. Hartwig Kalverkämper

Band 5

Helen Leuninger

Universum Universität

Akademische Episoden aus fünf Jahrzehnten

Frank & Timme
Verlag für wissenschaftliche Literatur

Umschlagabbildung: Lucae-Brunnen vor der Alten Oper in Frankfurt a. M.
© helmutvogler – stock.adobe.com

ISBN 978-3-7329-0675-8
ISBN E-Book 978-3-7329-9314-7
ISSN 2365-2403

Herstellung durch Frank & Timme GmbH,
Wittelsbacherstraße 27a, 10707 Berlin.
Printed in Germany.
Gedruckt auf säurefreiem, alterungsbeständigem Papier.

www.frank-timme.de

Für all meine Studenten, Prüflinge,
Doktoranden und Mitarbeiter

Inhalt

Vorwort

Lange habe ich überlegt, welches Format dieses Buch bekommen sollte. Ich entschied mich für eine Episodensammlung, in der Annahme, dass sich der eine oder andere Kollege in den Geschichten irgendwie wiederfinden könnte, weil er Vergleichbares erfahren hatte. Die Geschichten also, die ich nun erzähle, sollen ein Schlaglicht auf die drei Phasen meiner akademischen Laufbahn von 1970 bis 2010 werfen, auf Typisches, denn diese Zeit war geprägt von einigen dramatischen Veränderungen, von den Ausläufern der Studentenbewegung über ein Stadium wirklicher akademischer Freiheit der Magisterstudiengänge bis hin zu der neuen Ideologie (?), den Bachelor- und Masterstudiengängen und der Veränderung der universitären Verfasstheit. Technische „Wegbegleiter" in diesen drei Phasen waren analog die Matrizen und die Folien und digital die Power-Point-Präsentationen.

Eins noch vorab. Spezielle Erfahrungen als Hochschullehrerin habe ich nicht gemacht. Gelegentlich wurde meine Kleidung, heute Outfit genannt, kommentiert. Dritte-Welt-Pullover und Latzhosen habe ich nie getragen (das waren ziemlich kratzige Pullover in tristen Farben). Beschrieben wurde ich des Öfteren: die Leuninger mit dem Hund!

„Schreiben ist nicht schön, geschrieben haben ist schön", sagte einmal Hellmuth Karasek in einem Interview. Da ist schon was dran, aber für mich stimmt es nicht ganz. Denn während meines Schreibens wurde quasi Verschüttetes wieder ans Tageslicht gebracht, so, als ob Inhalte meines episodischen Gedächtnisses durch das gerade Geschilderte deblockiert worden wären. Insofern ist Schreiben schön. Ob Geschrieben haben schön ist, überlasse ich dem Leser.

Während meines Studiums an der Universität Frankfurt am Main von 1964 bis 1969 in Anglistik, Romanistik, Germanistik und Philosophie wurden keine Veranstaltungen zur Linguistik angeboten. Mit der Literaturwissenschaft tat ich mich schwer, irgendwie gelangen mir nie angemessene Interpretationen. Nachdem ich mich durch literaturwissenschaftliche Arbeiten buchstäblich hindurch gequält hatte, entdeckte ich zufällig in der Bibliothek des Romanischen Seminars **das** Buch, das alles veränderte: Ferdinand de Saussure: „Cours de Linguistique Générale" (1915). Ich verschlang es, begeistert, ja verzaubert, dass man so klar und strukturiert über Sprache schreiben kann. Und bald darauf gründeten einige Mitarbeiter und Doktoranden des romanistischen Lehrstuhlinhabers sowie Mitarbeiter anderer Institute eine linguistische Arbeitsgruppe, den Frankfurter Kreis Junger Linguisten, und wir begannen, uns in die Geheimnisse der generativen Grammatik einzuarbeiten, zunächst anhand von Noam Chomskys Arbeit „Syntactic Structures" (1957), von vielen Wissenschaftlern als Beginn einer linguistischen Revolution eingeschätzt. Übrigens mussten wir uns heimlich treffen, denn besagter Lehrstuhlinhaber sah eine Beschäftigung mit der modernen Linguistik, die für seine Vorstellung von Sprachwissenschaft in gewisser Weise bedrohlich war, äußerst ungern, um das Mindeste zu sagen.

Ich war also und bin eigentlich Autodidakt, vielleicht erklärt dies meine unbeirrbare Begeisterung für die Linguistik, trotz vieler Niederschläge, beigebracht von ganz unterschiedlichen Seiten, von einem Hochschullehrer, Vertreter der traditionellen Sprachwissenschaft, der meine Dissertation über einen Vergleich mittelalterlicher mit generativer Sprachtheorie ganz schlecht fand, und von Studenten der Universität Gießen, die mich bei einem Bewerbungshearing buchstäblich niedergemacht hatten, weil ich etwas über die Beziehung von Kompetenz und Performanz vorgetragen hatte. Viele Begebenheiten, über die ich hier berichten werde, folgen irgendwie diesem Muster.

In meiner 40-jährigen Amtszeit an der Universität Frankfurt (von 1970 bis 2010) habe ich vieles er- und durchlebt; zunächst musste ich in den ersten Jahren, den turbulenten, durch den „Uni-TÜV" und erlernen, wie ich mit den Ausläufern der Studentenbewegung klar komme und wie ich gelassen mit all dem umgehen kann. Für die kommende Zeit war das wirklich eine Prüfung, sie hat geholfen. Aber danach kam ich ins „Paradies“, als das Studium und die Studenten viel Raum für Kreativität zuließen. Routine stellte sich allmählich ein und obendrein Humor beim Unterrichten. Letzteres habe ich mir jedoch nicht von Kollegen abgeschaut, sondern von einem kriegsblinden Mann, der es schaffte, aus den alltäglichsten Situationen etwas Lustiges oder Außergewöhnliches herauszuziehen. Dieses Rüstzeug habe ich auch in der „ordentlichen“ Phase, als die Bachelor-Studiengänge die kreativen Räume enger machten, unverdrossen beibehalten.

Über meine Zeit an der Universität berichte ich also in Episoden, die für die jeweiligen Stadien typisch waren, von der Matrize zur Power-Point-Präsentation. In gewisser Hinsicht ist alles wie ein Puzzle aufgebaut, und ich hoffe, dass viele Kollegen, wenn sie denn Leser sind, aber natürlich auch alle anderen, die Teile nach und nach zusammensetzen können. Vielleicht fehlt manchmal ein Puzzlestückchen, aber das macht nichts. Tilman Allerts Buch „Gruß aus der Küche“ hat als Untertitel „Soziologie der kleinen Dinge“. Ähnlich verstehe ich meine „kleinen Dinge“, sie spannen hoffentlich Horizonte auf und können vielleicht auf wundersame Art und Weise nicht immer groß, aber zumindest etwas größer werden.

Noch zwei Anmerkungen zum Schluss: Ich verwende zur Bezeichnung von Personen durchweg die maskuline Form, es sei denn, ich beziehe mich explizit auf eine Frau. Falsche Neologismen wie „Studierende“ benutze ich nicht. Die Gründe dafür erläutere ich später (in Kapitel 9). Und zweitens noch: Gelegentlich gehen die Gäule mit mir durch, und ich verliere mich vielleicht allzu sehr in linguistischen Überlegungen, die natürlich auch Teil meiner akademischen Historie sind. Da die Linguistik aber ein Meilenstein in der Entwicklung der Germanistik an der Goethe-Universität war, mag man mir das verzeihen.

Frank Sinatra besang die Rückschau auf ein Leben in dem berührenden Song „I did it my way“, und davon könnte für meine Erfahrungen ein treffendes Motto sein: „I've lived a life that's full, [...] And did it my way.“

Kapitel 1
Die turbulenten 1970er Jahre

Einzug der Linguistik

Ein Ergebnis der Studentenbewegung war die Forderung, Linguistik in das Studienangebot der Germanistik der Universität Frankfurt aufzunehmen, wohl in der irrigen Annahme, damit die „bürgerliche Literaturwissenschaft" zu unterhöhlen. Man bezog sich dabei auf die Texte im berühmten „Kursbuch 5" (1966), in dem u. a. in Beiträgen von Jakobson, Bierwisch, Barthes und Tynjanow der Strukturalismus in Deutschland aus der Taufe gehoben wurde. Recht zügig, jedenfalls deutlich zügiger als bei späteren Berufungsverfahren, wurden zwei wissenschaftliche Mitarbeiter im Jahre 1970 eingestellt, einer davon war ich, mit einer Bewerbung, die nichts weiter als ein kurzes Anschreiben, mein Abitur- und Promotionszeugnis enthielt, nicht ahnend, was mich alles erwarten würde.

Nur am Rande möchte ich erwähnen, dass ich mich kurz nach meiner Einstellung an der Universität Frankfurt an der TU Berlin beworben hatte. Ich wurde tatsächlich zu einem Bewerbungsgespräch eingeladen. Und was sah ich ausgehängt an der Eingangstür des Instituts: mein Abiturzeugnis! Datenschutz war damals wohl noch ein unbekanntes Kompositum. Lustig war auch, dass ich hinterher erfuhr, welche Vorstellung sich die Teilnehmer der Berufungskommission von mir gemacht hatten: Die Leuninger müsse ein Pummel sein – ich hatte in Sport die Note „befriedigend". Dass diese Annahme nicht zutraf, war sicher nicht der Grund, dass ich nicht in die engere Wahl kam.

Doch nun zurück zu der Frankfurter Zeit. Technisch neu für mich waren die „Papers", die man mit Matrizen erstellen (durchnudeln) musste. Gedeckte Kleidung war empfehlenswert, denn bei der Herstellung der Kopien wurde man des Öfteren blau (nicht vom Alkohol, sondern von der Kopierfarbe). Auch ganz reizend war, dass pro Blatt fünf Pfennig eingesammelt werden mussten! Daran hatte ich mich bald gewöhnt und verfasste unzählige Texte zur Linguistik. Bald mussten mein linguistischer Kollege und ich keine blauen „Papers" mehr anfertigen, sondern wir konnten ein großartiges Seminar zur Transformationsgrammatik anbieten, weil wir auf das äußerst hilfreiche Buch von Johannes Bechert u. a. (1970) gestoßen waren. Da war ja alles drin, die konzeptuellen Grundlagen der generativen Grammatik, die heuristischen Strategien zur Ermittlung von Konstituenten, Tiefen- und Oberflächenstrukturen und das geniale linguistische Verfahren, wie man mit einem besonderen Regeltyp, den Transformationen, beide Strukturebenen aufeinander abbilden konnte. Ich war mit Begeisterung dabei, eine Weile die Studenten auch. Doch recht bald veränderte sich die ursprüngliche Einschätzung der „fortschrittlichen" Linguistik.

Plötzlich – für mich jedenfalls – wurde nach der gesellschaftlichen Verwertbarkeit der generativen Grammatik gefragt, worauf ich leider keine Antwort hatte. Nun sollten ganz andere Konzeptionen in den Seminaren besprochen werden, z. B. die „Vorbereitenden Bemerkungen zu einer Theorie der kommunikativen Kompetenz" von Jürgen Habermas (1971), aber auch eher philosophisch-gesellschaftskritische Texte, etwa von Theodor W. Adorno. Ersteren Text hatte ich zumindest ansatzweise verstanden, obwohl mir die Analyse von Kompetenz nicht plausibel erschien, wohingegen mir die Diktion von Adorno sehr fremd war, was mich zeitweise extrem verunsicherte. Einige Zeit später, im Jahre 1983, fiel mir quasi zum Trost das Schmunzelbüchlein von Eckard Henscheid „Wie Max Horkheimer einmal sogar Adorno hereinlegte" in die Hände. Und hier zum Beleg meiner Ignoranz eine kurze Sequenz daraus (S. 49 f.):

Walter Benjamin will einen Satz konstruieren, den selbst Adorno nicht toppen kann, und der geht so: „In dieser reinen Sprache, die nichts mehr meint und nichts mehr ausdrückt, sondern als ausdrucksloses und schöpferisches Wort das in allen Sprachen Gemeinte ist, trifft endlich alle Mitteilung, aller Sinn und alle Intention auf eine Schicht, in der sie zu erlöschen bestimmt ist.“ Doch das Imperium schlägt zurück, denn Adorno zahlt es Benjamin mit dem folgenden Satz heim: „Unversöhnlichem Denken ist die Hoffnung auf Versöhnung zugesellt, weil der Widerstand des Denkens gegen das bloß Seiende, die gebieterische Freiheit des Subjekts, auch das am Objekt intendiert, was durch dessen Zurüstung zum Objekt diesem verloren ging.“ So etwas überstieg meine kognitiven Fähigkeiten, wie auch meine kläglich scheiternden Versuche, das dialektische Prinzip von Hegel zu verstehen. Ich stellte mir das Triple These – Antithese – Synthese – in Analogie zum Archiphonem in N. S. Trubetzkoys Phonologie (1939) so vor, dass phonologische Kontraste, etwa der von stimmhaft (These) vs. stimmlos (Antithese) (wie bei „Gasse“ und „Kasse“) neutralisiert, also zur Synthese, werden können. Regelmäßig jedoch erhielt ich von wissenden Kollegen eine Abfuhr, denn es fehle bei diesem Vergleich die historische Perspektive, genau genommen fehlte jegliches philosophische Verständnis. Für mich glücklicherweise dauerte diese gesellschaftskritische Periode nicht allzu lange. Sie wurde abgelöst, denn alsbald waren Bedeutungstheorien in Mode. Die erste Arbeit, die sich anbot, war die Semantiktheorie von Jerrold J. Katz und Paul M. Postal (1964), in der eine Theorie der semantischen Merkmale entfaltet wurde. Die Analyse von „bachelor“ mit den vier sich aus den Merkmalen ergebenden Bedeutungen ist ein viel zitiertes Beispiel.

Das Folgende ist vielleicht allzu theoretisch. Man kann es dann überlesen und vielleicht mit dem nächsten Abschnitt fortfahren. Zwei Arten von Einwänden wurden in der Folgezeit vorgebracht, von denen einer sehr gravierend ist, nämlich von Jerry A. Fodor (1981) und von Hilary Putnam (1970). Fodor zeigt anhand einer sogenannten semantischen Dekomposition des Verbs „paint“, dass auch die feinste Analyse zu keinem endlichen Ergebnis, nämlich einem atomaren Prädikat, führt. Und Putnam wendet ein, dass solche Dekompositionen allerhöchstens für Ausdrücke wie „bachelor“, die in analytischen Sätzen vorkommen, angemessen sind, nicht aber für „natürliche Art-Prädikate“ wie etwa „Wasser“. Nichtsdestotrotz nutzen viele Linguisten z. B. auch in ihren Einführungen dieses Merkmalsmodell. Ich habe es selten und mit Bauchschmerzen getan, blieb dabei aber immer isoliert. Der zweite Einwand hat nur indirekt mit der Dekomposition als Kompetenzstruktur zu tun. In ihrem brillanten Aufsatz „The psychological unreality of semantic representations“ zeigen in einem Echtzeitexperiment Fodor u. a. (1975), dass es in Sätzen mit „bachelor“ und einem Quantor keine Interaktion von Quantoren gibt, was man erwarten würde, wenn „bachelor“ als „not married“ online verarbeitet würde. Ein Versprecher, ja auch ein echtzeitliches Datum wie „wer es vermeiden kann, die Autobahn nicht zu benutzen, der sollte es tun“ andererseits ist kein Gegenargument, das hat mir Jerry Fodor am Rande einer Vorlesung, die er am Max-Planck-Institut für Psycholinguistik hielt, erklärt. Denn Formen wie „vermeiden“ sind implizite Negative, sodass sich dies als „nicht“ in die Äußerung hineingeschlichen hat. Leider haben sich meine Kollegen der Linguistik und Psycholinguistik nicht wirklich an diese Einwände gehalten. Aber Fodor fand den Versprecher für seine Annahme zutreffend – immerhin.

Noch weitere Turbulenzen

Die ersten 1970er Jahre waren geprägt von überbordenden Demonstrationsangeboten diverser linker Gruppierungen. Nicht, dass ich gegen solche Aktivitäten war, doch gingen mir die häufig sehr skurrilen Ankündigungen in den Seminaren ein bisschen auf die Nerven. Denn nahezu regelmäßig trudelten die Angehörigen der verschiedenen K-Gruppen – so wurden in Assoziation zu „kommunistisch“ die linken Gruppierungen zusammenfassend bezeichnet – in den Hörsaal ein und verkündeten Termine und Orte ihrer Demonstrationen. Skurril deshalb, weil ab und an zu einem der brennenden Themen zu drei Demonstrationen aufgerufen wurde. Welcher sollte man sich bloß anschließen? Noch schwieriger zu lösen war das Rätsel einer Ankündigung, denn die Information, die an einer

Wand unseres Seminargebäudes zu lesen war, erwies sich als wenig hilfreich: „Heute 14.30 VV H6" (Vollversammlung in Hörsaal 6). „Heute" ist ja ein deiktischer Ausdruck, der seine Bedeutung erst im aktuellen Äußerungs- und Verstehenskontext erhält. Lese ich also an einem beliebigen Tag um 14.29 Uhr das Graffito, müsste ich mich sputen, um noch rechtzeitig in den angegebenen Hörsaal H6 zu kommen, und dies wiederholte sich jeden Tag, es sei denn, ich ginge immer mit geschlossenen Augen an der fraglichen Wand vorbei! Irgendwie wurde da was vergessen, nämlich das Datum.

Demokratisches?

Eine Errungenschaft der Studentenbewegung war die sogenannte Demokratisierung der universitären Selbstverwaltung und das Erstarken des Selbstbewusstseins der Studenten, die, wie geschildert, allseits von großem Tatendrang geprägt waren, der uns Dozenten allerdings zu einem entnervenden Zeitaufwand in Direktoriums- und Fachbereichssitzungen zwang. Beliebt war das Verfassen von Resolutionen, häufig mit „weltpolitischer Dimension" – NATO-Doppelbeschluss, Vietnam-Krieg, Notstandsgesetze mussten unbedingt vom Fachbereich Neuere Philologien, dem ich angehörte, in stundenlanger Ausführlichkeit vernichtend kritisiert werden. Aber nicht nur das: Auf jeden Fall mussten diese Diskussionen in formulierte Stellungnahmen münden. Erwartungsgemäß ist dieser Prozess des Versprachlichens sehr zäh, besonders dann, wenn etwa hundert Personen daran feilen. Zur Veröffentlichung sollten unsere Meisterwerke überregionalen Zeitungen und Magazinen, dem Spiegel also, eingereicht werden; meiner Erinnerung nach erschienen sie jedoch dort nie.

In den akademisch relevanten Fragen erhielten die „fortschrittlichen" Mitglieder sogar Rückendeckung vom zuständigen hessischen Ministerium. Eine Habilitation sei für die Berufung auf eine Professur nicht mehr erforderlich, ja eigentlich gar nicht wünschenswert.

Das alles änderte sich jedoch einige Jahre später, wie überhaupt die Rückkehr zu alten Mustern allenthalben zu beobachten war. Wissenschaftliche Mitarbeiter wurden wieder den Lehrstühlen zugeordnet, und die Besetzung in Gremien war wieder „professorenlastig".

Habilitationsschriften jedoch stehen wieder auf dem Prüfstand, hingegen aus anderen Gründen als in den 1970er Jahren. Solche Monographien seien nur eine neue Variante der Promotionsschrift, von niemandem gelesen; aber kumulativ gehe noch, denn die „Papers" würden eher von der „scientific community" wahrgenommen. Zwar wiederholt sich die Geschichte nie ganz, aber manchmal gibt es auf neuer gesellschaftlicher Grundlage eine Art Rückkehr.

Der Possitivismus (!)

In der Retrospektive jedoch bewundere ich in gewisser Weise die vielen Aktivitäten (Demonstrationen, Vollversammlungen) und gesellschaftskritischen „Papers", die von einem damals unbeirrbaren und unermüdlichen Engagement der Studenten zeugten, z. B. in der sehr viele Seiten umfassenden Abhandlung „Der Possitivismus-Streit" (gemeint war natürlich der Positivismus-Streit). Das war ein richtiger Text, der sich hauptsächlich mit Marx, Hegel und Marcuse auseinandersetzte und Argumente enthielt, deren Inhalt wohl nicht immer zutreffend war, aber es gab richtige kohäsive Mittel, die übrigens später verschüttet gingen, weil in den Veranstaltungen häufig nur noch Referate gehalten und schriftsprachliche Texte seltener wurden. Dieser und andere Texte waren meist sehr lang und wurden durchgenudelt mit den Matrizengeräten. Mir waren die Inhalte völlig unvertraut, auch war ich keine Anhängerin der Studentenbewegung. Also das ellenlange „Paper" „Der Possitivismus-Streit in der deutschen Soziologie" wollte nachweisen, dass die Wissenschaftstheorie von Karl Popper („Zur Logik der Forschung", 1935) nur die „herrschenden Verhältnisse" betoniert. Dass der Verschreiber (war es wirklich einer?) assoziiert werden könnte mit „Posse“, war jedoch offenbar nicht intendiert. Jedenfalls fand ich, dass Poppers Auseinandersetzung mit Marx ziemlich plausibel war. Denn in meiner Vorstellung von empirischen Wissenschaften sollte es keine Beweise, sondern nur Evidenz bis zum Nachweis des Gegenteils geben, so, wie das eigentlich in der Linguistik gilt – also das Falsifikationskriterium für die Güte einer wissenschaftlichen Theorie.

Und heute?

Dazu im krassen Gegenteil steht eine aktuelle Entwicklung (Meldung aus der Frankfurter Allgemeinen Zeitung vom 24.12.2019, S. 37): „Uni Frankfurt verbietet Brüllchöre“. Diese Darbietungen während der Orientierungswochen (sic, siehe Kap. 3) sollen seitens der Universität als „rüde Rituale“ kritisiert worden sein, denn sie widersprechen dem „universitären Leitbild“ (na ja!). Diese „rüden Rituale“ von Lehramtsstudenten bestanden aus „Schlachtrufen“, u. a. in U-Bahn-Stationen: „Alles außer Lehramt ist Scheiße“ „mit dem Zweck der Herstellung von Kollektividentitäten“ (Hochschulleitung). Du arme Schule, was erwartet Dich?

Kapitel 2
Feste, Fußball und Chefs

Lange vor der Einführung der Bachelorstudiengänge mit der – von wem eigentlich(?) – behaupteten effizienten Struktur war unser germanistisches Seminar ein Hort der Gemeinsamkeit. Da es Schlüssel zum gesamten Seminargebäude und zu allen Dienstzimmern, jedoch keine Sicherheitsbeauftragten gab, die, wie später im Campus Westend, um 22 Uhr die Universität schlossen, hielten wir diverse Feste ab; visionär war eine Party in den 1980er Jahren mit dem Motto „Universität im Jahre 2000", nicht ahnend, wie gruselig zum Teil diese Jahre werden würden. Überhaupt die Feste. Es gab in dieser Zeit mehrere Feste, die das Dekanat unseres Fachbereichs veranstaltete. Sie waren so anders als die „Feste", die in der ordentlichen Zeit der Bachelorstudiengänge abgehalten wurden. Eingeladen waren nicht nur die Mitglieder unseres Fachbereichs, sondern alle Dekane und der Präsident. Und nahezu alle kamen. Kaum Small Talk oder Unterhaltungen über neue Projekte, nein, es wurde getanzt bis spät in die Nacht. Einmal durfte ich mit dem großen Philosophen Alfred Schmidt zu „By the rivers of Babylon" von Bonnie M. eine „kesse Sohle aufs Parkett legen". „Ja, die Frau Leuninger, die kann tanzen".

Eine gewisse Zeit lang fanden auch universitäre Fußballturniere statt. Unser Seminar schätzte sich glücklich, gleich zwei Mannschaften aufstellen zu können, „Wahrheit und Methode" und „Morgen Augsburg", Namen, die natürlich der Literaturwissenschaft verpflichtet waren, nämlich Hans-Georg Gadamer und Thomas Bernhard. Vieles war irgendwie durchdrungen von einem Zugehörigkeitsgefühl zum Fach und zum Institut. Cheerleader traten nicht auf, wohl aber „groopies", die ihre jeweilige Mannschaft unterstützten. Wie unsere Mannschaften abgeschnitten haben, das weiß ich nicht mehr, aber, dass unsere Bibliothekarin eine Multitaskerin gewesen ist: Sie konnte gleichzeitig Auskunft über ein Buch geben, die Bibliothek in Ordnung halten und Fußballtrikots reparieren! Mit einer gewissen Wehmut schaue ich auf diese Zeit zurück. Die Germanistik war ein Zuhause. Und man sprach Deutsch oder eine lokale Variante davon.

Arbeit, was bedeutet das?

Hier die Antwort. Ein wenig ausholen muss ich dabei allerdings. Vor vielen Jahren in Frankfurt-Bockenheim, bevor die Universität in den Westend Campus umgezogen war, hatte ich meine Institutsschlüssel (es waren sogar drei Generalschlüssel – an der Universität galt wohl eine andere Semantik von „Generalschlüssel") verloren. Ich war noch ziemlich jung und meist schrill angezogen. Ich erkundigte mich beim Fundbüro der Universität, ob meine Schlüssel gefunden und dort abgegeben worden waren. Ein unerwartet zugewandter Mitarbeiter führte mich vor eine Wand – voller Stolz übrigens, so, als ob hier ein zu erwerbendes Sortiment von Schlüsseln zu finden wäre – es hingen wirklich unzählige Schlüssel daran. Die Mitarbeiter sprachen Frankfurterisch, ich gebe hier jedoch fast immer die Standardvariante an. „Sind Ihre dabei?", wurde ich gefragt. Ich musste die Frage des netten Mitarbeiters leider verneinen. Krimi erfahren, wie ich es bin, präzisierte ich meine Beschreibung: „Sie hängen an einem bordeauxfarbenen Etui." Dunkelrot hätte ja wohl auch gereicht! Daraufhin der bemühte Mitarbeiter, es war der Werner (Name geändert), mit etwas lauterer Stimme: „Herbert (Name geändert), hast Du dahinten noch Schlüssel in einem boddo Etui?" Aus dem Off, einem Hinterzimmer, ruft nun Herbert: „Ei, Werner, alle Schlüssel, wo gefunden worden sind, hängen doch bei Dir vorne." (Frankfurter Relativsatz) – Enttäuscht, ja fast verzweifelt, erbitte ich – nunmehr wieder hinter dem aufklappbaren „Tresen" – eine Information darüber, was jetzt zu tun sei. Herbert beugt sich über den Tresen zu mir, mit schlauem, ja Überlegenheit signalisierendem Gesichtsausdruck: „Das ist ganz einfach. Schreiben Sie einen formlosen Antrag" – und nun erhalte ich sogar die Formulierung für den formlosen Antrag: „Habe meine Schlüssel – die Nummern wären wichtig – verloren und bitte um neue. Das lassen Sie dann von Ihrem Chef unterschreiben." „Oh, vielen Dank für den Tipp." Da ich zu dieser Zeit Geschäftsführende Direktorin an meinem Institut war, war ich mein eigener Chef, erwiderte also: „Ich habe keinen Chef." Erstaunte Reaktion: „Arbeiten Sie nicht an der Uni?" „Doch, ich bin ja Professorin am Institut für Deutsche Sprache und Literatur." Herberts Verwirrung war jetzt „förmlich" zu spüren. In seinem Kopf in Mentalesisch (also innerlich konstruiertem Satz): „Wenn die Professor ist, bin ich der Kaiser von China." Er sagte jedoch, ohne diesen Gedanken preis zu geben: „Jeder, wo arbeit, hat einen Chef." („arbeit" ist die Frankfurterische Variante von „arbeitet") Jetzt wusste ich endlich, was Arbeit und Chef bedeuten, und unterschrieb meinen formlosen Antrag zweimal! Und konnte nicht nur mein Wissen darüber, wann eine Person „Chef" genannt wird, erweitern, sondern erhielt auch neue Generalschlüssel. Ich kann mich nicht erinnern, ob es später, in der „ordentlichen" Bachelor-Zeit noch solche reizenden Erfahrungen gab, und wenn ja, dann nicht im Frankfurterischen Dialekt. Schade.

Diese Schlüssel waren extrem wichtig, nicht nur wegen der vielen Feste (!), denn ich war mit meinen Mitarbeitern Anfang der 1980er Jahre vom Institutsgebäude umgezogen, und zwar in die leicht abgängigen Räume eines vormaligen Kinos (die „Camera"). Zeitweise wuselten ziemlich viele Personen in den drei Räumen, und ich überließ die größeren Zimmer den Mitarbeitern, sodass diese jeweils an einem Schreibtisch, manche aber nur an einem Tisch arbeiten konnten, und zog in das kleinste Zimmer um. Eine 1950er Jahre-Couch hatte ich auch organisiert, es war alles tatsächlich 1950er Jahre-Stil. Irgendwann gefiel uns die vergilbte Wandfarbe nicht mehr, also strichen wir die Wände neu. An einigen Wänden hatten meine gehörlosen Mitarbeiter ihre Hände mit Wandfarbe platziert, aber auch die Pfötchen der beiden Hunde kamen darauf. Das Highlight war ein Sternenhimmel an der Decke eines Büros. Nachdem wir alles so schön gestaltet hatten, beschlossen wir, an einem Wochenende zu putzen. Das war wirklich nötig. Ich sehe heute noch das Bild vor mir: Alle mit Eimern, Putzmitteln und Putzlappen. Ein glänzendes Ergebnis, das wir gleich mit ein bisschen Schampus begrüßt hatten. Verdattert waren wir, als irgendjemand von der Universitätsverwaltung uns ermahnte, wir würden mit solchen Aktionen Arbeitsplätze gefährden. Wer von der Verwaltung am Wochenende durch die Straßen streifte und unsere „arbeitsplatzgefährdende“ Tätigkeit beobachtet hat, ist mir bis heute schleierhaft.

Kapitel 3
Die Helikopter-Uni

Orientierungen 1.0

Irgendwann, Anfang der 1980er Jahre, als unsere Universität in Vorwegnahme einer Rundum-Betreuung von Studenten beschloss, die Erstsemester über ihr kommendes Studienfach, dessen Organisation und die Lagepläne der jeweiligen Institute zu informieren, war die Orientierungsveranstaltung geboren. Für die Germanistik wurden die Schwerpunkte Neuere Deutsche Literaturwissenschaft, Ältere Deutsche Literaturwissenschaft, Deutsche Sprachwissenschaft, Kinder- und Jugendliteraturwissenschaft und anfänglich auch Theater-, Film- und Medienwissenschaft vorgestellt. Der Hörsaal war immer brechend voll, es hätte interessant werden können. Doch: Manche Kollegen verloren sich nahezu selbstverliebt in terminologischen Feinheiten, postmodern, dekonstruktiv, hermeneutisch, Co- und Subtext usw., und so machte sich unter den Teilnehmern erhebliche Unruhe breit, die auch des Öfteren von den jeweiligen Kollegen recht bissig kommentiert wurde. Wir Wissenschaftler haben leider oft vergessen, die Faszination oder gar die Liebe zu unserem Fachgebiet zum Ausdruck zu bringen. Hierher passt – pardon – der reizende Versprecher: „Gerade Du als Wischensaftler"! Reizend waren auch die Führungen zur Bibliothek. Nur Blinde ohne Begleitung hätten eigentlich Probleme gehabt, denn die Bibliothek war gar nicht zu verfehlen. Dennoch irrten nach unseren „Orientierungen" häufig Studenten durch die Gänge und fragten bang nach dem Ort der Bibliothek. Cafés, Kneipen und die Mensa waren hingegen schnell gefunden. Mit der Struktur der damals neuen und ad nauseam veränderten Magisterstudiengänge wurden die Erstsemester ebenfalls traktiert. Zu dieser Zeit kannte sich genau eine Person damit aus, ein Akademischer Rat. Dieser also gab wirklich sein Bestes, erklärte, welche Scheine (es waren so wenige) zu erwerben sind, welche Schwerpunkte kombiniert werden dürfen und was als Haupt- und als Nebenfach gewählt werden darf. Eigentlich hätten die Erläuterungen, auch wegen der Kargheit der Scheinanforderungen, gut verstanden werden können – eigentlich! Doch die Sprechstunden in den kommenden Wochen waren überfüllt mit desorientierten Studenten, die wissen wollten, welche Scheine sie erwerben müssen und und und. Man sollte es ihnen jedoch nicht negativ ankreiden: Ich erinnere mich an eine Frage eines Kollegen in einer Direktoriumssitzung: „Was ist ein Schein?"

Als ich mich kürzlich mit einer ehemaligen Studentin über ihre Erfahrungen mit der Orientierungsveranstaltung unterhielt, erzählte sie mir, welchen ersten Eindruck sie von mir hatte: die Leuninger mit dem rosafarbenen Designerjogginganzug und dem blondgelockten Hund und im Foyer bunte Zigaretten rauchend. Hoffentlich konnte ich darüber hinaus bei ihr ein weitergehendes Interesse an der Linguistik wecken!

Orientierungen 2.0

Im Jahre 1992 erschien auf Deutsch „Wie du dir, so ich mir" von Woody Allen. Als ich das Kapitel „Das Frühjahrsprogramm" gelesen hatte, dachte ich – zum Scherz? –, dass der Autor unsere kommentierten Vorlesungsverzeichnisse parodiert hat. Und nun zum Vergleich zwei Kommentare, einer der Philosophen aus meiner Erinnerung und einer von Allen, verbunden mit der Frage „Wer schrieb was?"

Kommentar

1. Aufbruch in die Moderne
Im ersten Teil des Seminars zeichnen wir die philosophischen Ansätze von Plato bis Searle nach, um im zweiten Teil folgende Konzepte zu diskutieren: angeborene Ideen, den kategorischen Imperativ in seiner heutigen Bedeutung, den physikalischen Reduktionismus,

den Falsifikationismus der Naturwissenschaften und die hermeneutische Wende in der Astrophysik, unter besonderer Berücksichtigung der Quasare.
Als Literatur gelten die folgenden Angaben (ellenlang), obligatorisch zu lesen …

2. Grundlagen der Philosophie
Alles von Plato bis Camus wird gelesen, und die folgenden Themen werden behandelt: Ethik, Ästhetik, Metaphysik. Das Absurde.

3. Ein Zusatzangebot
Besonders engagierten Studenten biete ich die Möglichkeit, eine Veranstaltung „Einführung in die Psychologie" zu besuchen, in der verwandte Themen besprochen werden, und zwar die siebte Sitzung mit der Problematik „Gibt es eine Trennung zwischen Leib und Seele" (2)

Und nun ahnt man es: Der Text (2) geht weiter mit „und wenn ja, was ist günstiger zu besitzen"; (3) ist eine Hinzufügung von mir, würde aber auch zu Allens Text passen.

Sicher haben viele Kollegen auch die folgende Erfahrung gemacht: Die angegebene Literatur wurde gar nicht, sporadisch oder nur der Text gelesen, der referiert werden sollte. Die immer angegebene „vorbereitende Lektüre" hatte meist nur ich gelesen, so war wenigstens ich gut vorbereitet! Und in der ersten Sitzung der jeweilig so liebevoll und detailreich angekündigten Veranstaltung wurde der Kommentar nun mündlich vorgetragen. Doppelt soll ja besser halten!

Kapitel 4
Prüfungen

Erstaunliches

Vor Jahren stand ein Disputationstermin für eine Doktorandin von mir an. Nachdem wir den Inhalt ihres Vortrags und mögliche Einwände der Kommissionsmitglieder besprochen hatten, wendeten wir beide uns natürlich (!) der Frage aller Fragen zu: „Was ziehe ich an?“ Obwohl damals eher die Dritte-Welt-Pullover, Latz- und ausgebeulte Cordhosen en vogue waren, blieben wir beide unverdrossen der Devise treu: „You never get a second chance to make a first impression“. Da es damals sehr heiß war, entschieden wir uns für je ein feines, leichtes Sommerkleid mit – dem Anlass angemessen – einem kleinen Jäckchen, das passt ja immer. So trafen wir uns gegen 12 Uhr mittags mit drei der vier anderen Kommissionsmitglieder – allesamt Professoren, immerhin in Oberhemd und nicht ausgebeulter Hose, und warteten auf den fünften Kollegen. Meine Doktorandin war verständlicherweise sehr aufgeregt, was sich jedoch aufgrund des folgenden Vorfalls schlagartig änderte. Um genau 12.15 Uhr betrat gehetzt der noch fehlende Kollege den Prüfungsraum, T-Shirt, kurze Hose, Rucksack, Fahrradpumpe. Das wäre eigentlich schon Schock genug gewesen, es kam jedoch noch besser. Der Rucksack verschwand nicht etwa unter, sondern verblieb auf dem Tisch, der Kollege setzte sich auch nicht hin, sondern blieb stehen, kramte in seinem Rucksack und förderte zunächst in Papier gehüllte Frankfurter Würstchen mit Brötchen zu Tage. Mit dem Kommentar, er habe ja noch nichts zu Mittag gegessen, wurde das Papier entfernt. Ach, da fehlt doch noch etwas, das aber bald nach erneutem Wühlen im Rucksack den entsetzten Blicken der Kommissionsmitglieder und der Doktorandin ausgesetzt wurde: ein Senftütchen. Um seiner Funktion gerecht zu werden, wurde das Tütchen geöffnet und der Senf von oben auf die Würstchen „herabgelassen“! Irgendwann konnte die Prüfung dann beginnen. Sie verlief perfekt, denn nicht nur besagter Kollege war gesättigt, sondern insbesondere hatte sich die anfängliche Aufregung der Kandidatin völlig aufgelöst. Meine großartige Mutter gab mir einmal einen Tipp zur Beherrschung meiner Prüfungsangst: „Stell Dir Dein männliches Gegenüber in langen Unterhosen vor." Das hat immer gut geklappt. Derselbe Effekt lässt sich offenbar auch erreichen durch den Anblick von Männern in kurzen Hosen beim Verzehr von Würstchen mit Senf.

Wir, der Prüfungskandidat, sehr aufgeregt, und ich sitzen auf zwei mickrigen Sesselchen an einem kleinen runden Tisch, hinter mir am Schreibtisch der Beisitzer für die mündliche Magisterprüfung. Die Prüfungsunterlagen im verschlossenen Umschlag hat ihm der Student überreicht, in dem sich wie üblich auch der Protokollbogen befindet, der – auch wie üblich – von dem beisitzenden Kollegen während des Prüfungsgesprächs ausgefüllt werden soll. Ich beginne – auch für mich üblich – mit einer „warm-up"-Frage, also einer allgemeinen Frage zum Studium und zur Themenauswahl des Prüflings. Wie beim sportlichen Aufwärmtraining entspannen sich auch die Muskeln des bis dahin verkrampften Kandidaten, dessen erste, häufig Artikulation und Argumentation blockierende, Aufregung wird wenigstens ein wenig gemildert. So ebenfalls bei diesem Prüfungsgespräch. Er kann meine ersten Fragen gut und kenntnisreich beantworten, ist durchgängig fokussiert (wie man heute sagt) und blendet die Umgebung völlig aus. Ich jedoch höre ein Klopfen und andere eigentümliche Geräusche, drehe mich zum Beisitzer um und sehe etwas komplett Unerwartetes. Der Umschlag mit den Prüfungsunterlagen liegt ungeöffnet auf dem Schreibtisch. Das ist auch besser so, denn dort befinden sich Eier, Tomaten, Teller und ein Messer. Das lautere Geräusch entsteht durch das Klopfen eines Eis auf den Schreibtisch, und das etwas leisere rührt vom Aufschneiden der Tomaten her. Meinen entsetzten Gesichtsausdruck kommentiert flüsternd mein Kollege: „Ich mache gerade (!!) eine Mayo-Diät." Eier und Tomaten sind nach einiger Zeit verzehrt, es wird jedoch nicht still, denn nun ist ein Ratschen zu hören.

Ich wende mich erneut um und sehe, dass Briefe mit einem sehr eleganten Brieföffner aufgeschlitzt werden, während der unverdrossene Student eine weitere Frage beantwortet. Wieder ein Flüstern: „Ich komme sonst nicht dazu, die Post zu sortieren, schließlich habe ich ja keine Sekretärin. Sie wissen doch von den Sparmaßnahmen der Universität." Wenn man gerade mal vier Lehrveranstaltungen abhalten muss, sollte doch für das Sortieren der Post noch ein Zeitfenster offen sein, denke ich. Nach einer halben Stunde dankt der Beisitzer dem Kandidaten, er wird vor die Tür geschickt, denn nun muss die Note „besprochen" werden. Dies ist die einzige prüfungsrelevante Aktivität meines Kollegen gewesen. Das Protokoll nämlich habe ich nach dem Öffnen des Umschlags selbst geschrieben. Schade, dass es im Büro keine Waage gegeben hat, man hätte ja überprüfen können, ob sich das Körpergewicht des Beisitzers schon reduziert hat. Aber immerhin haben verschiedene Stapel geöffneter Briefe sortiert dagelegen. In der nächsten Prüfung könnten diese beantwortet werden.

Ein psychischer Kraftakt

In Magisterprüfungen sind pro Fach ein Prüfer und ein Beisitzer anwesend – der Prüfling natürlich auch. Mir wurde vor Jahren – in Zeiten, in denen es noch eine ganz andere und, wie Sie gleich sehen werden, sehr spezielle Exzellenz gab – von einer Kollegin, der Beisitzerin, eine ziemlich persönliche Geschichte zugetragen. Der Prüfling wurde nacheinander in zwei Fächern geprüft, zunächst in Soziologie und danach in Theaterwissenschaften. Seine erste Prüfung nahm einen unerwarteten Verlauf. Auf die Eingangsfrage des Prüfers zur Beziehung von Kultur und Natur bei dem Strukturalisten Claude Lévi-Strauss wollte der gut vorbereitete Kandidat unverzüglich antworten, öffnete seinen Mund, um die Artikulation seiner Gedanken zu starten, offenbar zu lange für den Prüfer! Denn just **vor** der Äußerung des ersten Wortes hakte der Prüfer ein, also in die Stille, und begann einen Monolog. Ab und an versuchte der

Prüfling, etwas beizutragen, er hatte doch schließlich für die Prüfung Tag und Nacht gepaukt, jedoch gleich einem Karpfen mit offenen Mund blieb er stumm. Er hatte keine Chance, sein Wissen loszuwerden. Nach einer halben Stunde bedankte sich der Prüfer – wofür eigentlich, das wusste der Kandidat nicht. Er verließ den Raum, damit Prüfer und Beisitzer seine (wessen?) Leistung bewerten konnten. „Eine brillante Leistung", so der Prüfer, na ja, das musste er auch sagen, er beurteilte ja seine eigenen Ausführungen. Und da war er wirklich Experte. Der Prüfling, der vor der Tür des Prüfungsraums verzweifelt und völlig verunsichert gewartet hatte, wurde hineingebeten und die Note wurde ihm mitgeteilt: sehr gut (1). Nun stand die zweite Prüfung an, bei einem anderen Prüfer. Dieser fläzte sich auf den Sessel, suchte in seinen Unterlagen ergebnislos die Themenliste des Kandidaten und begann das „Prüfungsgespräch" mit den Worten: „Fangen Sie doch einfach mal damit an, was Sie uns zu Ihrem Thema, welches war das noch mal?, zu sagen haben." Dies tat der Kandidat, nahezu nie von Rückfragen des Prüfers unterbrochen, eine halbe Stunde lang, verließ irritiert und erschöpft das Zimmer und wurde nach wenigen Minuten wieder hineingebeten: „Eine brillante Prüfung, Note: sehr gut." Wahrlich bewundernswert war sie, die psychische Leistung unseres Prüflings. Allerdings möchte ich mir nicht vorstellen, was er über meine Kollegen dachte!

Gegen die Regeln

Einen Kulturschock erlebte unsere Promotionskommission, die auch für die Magisterprüfungen zuständig war. Ein Kandidat aus einem asiatisch-muslimischen Land wünschte, dass ich ihn in all seinen Fächern prüfe, natürlich nicht vereinbar mit den Bestimmungen. Einmal wurde der Wunsch des Studenten abgelehnt; unbeirrbar ging er ein zweites Mal zur Prüfungsstelle, dieses Mal aber nicht alleine, sondern mit einigen seiner Verwandten; wieder Ablehnung. Doch er gab sich nicht zufrieden und erschien mit viel mehr Verwandten; der Mitarbeiter der Prüfungskommission gab auf und genehmigte den Wunsch, entnervt, vielleicht auch geängstigt ob der Invasion.

Wissenswertes

Selbstverständlich sind das alles nur Einzelfälle, denn der übergroße Anteil von Prüfungs- und Beisitztätigkeiten belegte das genaue Gegenteil. Die außerordentlichsten Erfahrungen durfte ich als Beisitzerin machen. Nicht nur, dass ich viel Neues in mir fremden Bereichen lernen konnte, sondern auch, dass ich das große Engagement meiner Kollegen für ihr Fach und für die Kandidaten mitbekommen habe. Auch banden mich die Kollegen in das Prüfungsgeschehen jenseits meiner eher formalen Pflichten ein. So nahm ich beispielsweise an einer Magisterprüfung in Musikwissenschaft teil, Themen waren Mozart und die Beziehung zwischen den Bachschen Fugen und „Ulysses" von James Joyce. Zur Einstimmung bat der Prüfer den übrigens blinden Kandidaten, ein paar Takte der „Kleinen Nachtmusik" zu intonieren. Das war großartig und irgendwie auch berührend. In zwei kunstwissenschaftlichen Prüfungen, eine im Hauptfach und eine im Nebenfach, wurden unterschiedliche Zeigestöcke mitgebracht, ein silberner für das Hauptfach und ein ordinärer Kuli für das Nebenfach. Der Hauptfachkandidat brillierte mit seinen Kenntnissen, was der Prüfer mehrere Male mit „Der Kandidat strebt nach akademischem Lorbeer" kommentierte – eine bestärkende Ermunterung für den Studenten.

Im Prüfungsmodus

Die Zeit, in der eine Prüfungsarbeit verfertigt werden muss, ist naturgemäß sehr anstrengend. Als ich meine Dissertation über mittelalterliche Sprachtheorie schrieb – und übrigens tagsüber als Sekretärin auf dem Frankfurter Flughafen arbeitete – verfiel ich ständig in den frühen Morgenstunden in einen Halbschlaf, in dem ich regelmäßig träumte, ich sei Papst! Viel später betreute ich eine Doktorarbeit über phonologische Regeln. Für die Anwendung bestimmter Regeln, etwa der Auslautverhärtung, gilt die Beschränkung, dass stimmhafte Konsonanten nur am Silbenende stimmlos werden. Die Doktorandin befand, dass sie unbedingt zwischen all den Markiertheitskonventionen, die systematisch dargestellt werden mussten, zum Friseur gehen sollte. Wie immer empfahl ihr der Friseur das neue, haarpflegende, nicht klebrige Gel: „Her damit", so beschloss sie spontan den Kauf. An der Kasse nun stellte sie – im kognitiven Dissertationsmodus – die bange Frage: „Gibt es bestimmte Beschränkungen für die Anwendung dieses Gels?"

Ende der 1970er Jahre unterstützte mich eine „Hilfskraft" (damals wurden übrigens „Hiwis" als Sachmittel kontiert, das nur am Rande). Sie, gerade mitten im Verfassen ihrer Magisterarbeit, erzählte mir bei einem Kneipenbesuch von ihrem Missgeschick. Spät abends nämlich entschied sie sich, eine Tomatensuppe zu kochen, damit sie und ihr Magen wieder zu Kräften kommen: Suppe fertig, noch mal kurz umrühren, und dann in den Ausguss geschüttet: „So was von schusselig", kommentierte sie ihr Versehen. Dabei aber goss sie die Milch, die – wie reizend – damals noch in kleinen Kännchen zum Kaffee serviert wurde, in den Aschenbecher. Rauchen war ja noch erlaubt.

Auch zu dieser Zeit, als wir noch alle recht jung und unternehmungslustig waren, wurde in unserem Institut oft und ausgiebig gefeiert. Der jeweils nächste Morgen erwies sich demgemäß häufig als intellektuell sehr beschwerlich. An einem solchen Morgen klingelte das Telefon im Sekretariat. Meine Hilfskraft hatte für diesen Tag dort Dienst, musste jedoch absagen: „Tut mir leid, ich kann nicht kommen, ich hab meine Krone verloren." Antwort der von Kopfschmerz geplagten Sekretärin: „Macht nix, es reicht, wenn Du mit Zepter und Hermelin kommst." Das war kein witziger Kommentar, sondern entsprang aus einem vernebelten Gehirn, das die unpassende Bedeutung der ambigen Form „Krone" abgerufen hatte.

Kleiner Exkurs: Ambiguität oder Teekesselchen

Als Kinder haben wir ein Spiel gespielt, in dem ein Wort geraten werden sollte, das zwar nur eine Form, aber zwei Bedeutungen hat, z. B. „Schloss" – das Teekesselchenspiel. Sollten heutige Kinder noch ein Interesse an diesem Spiel haben, was ich nicht weiß, dann könnten sie z. B. „Maus" oder „Fenster" erraten lassen. Linguisten haben dafür natürlich einen schicken Ausdruck: Ambiguität oder Mehrdeutigkeit. Mehrdeutigkeit ist übrigens etwas sehr Charakteristisches für Sprachen. Mark Twain beklagt in seinem fantastischen Buch „Die schreckliche deutsche Sprache" (1880), wie entsetzlich mehrdeutig deutsche Wörter sind: „Züge [füllen im Wörterbuch, Anm. d. Verf.] … anderthalb Spalten". Hier ein Ausschnitt (S. 51)

> **Zug**
> Schluck, Ruck, Fischfang, Prozession, Marsch, Schwarm, Tendenz, Ansturm, Eisenbahn, Karawane, Durchreise, Hub, Ausdruck, Miene, Schwung, Charaktereigenschaft, Aussehen, Schritt beim Schach, Orgelregister, Schublade, Atem, Veranlagung

Was Homophonie bedeutet, lässt sich den Studenten im digitalen Zeitalter sicherlich besonders gut nahebringen mit folgender Anekdote. Seit einiger Zeit besitze auch ich sämtliche (oder nahezu sämtliche) digitalen Equipments (!), die mich mit der ganzen Welt verbinden (sollten). Leider – oder besser erwartungsgemäß – stellen sich oft, allzu oft, Probleme ein, die nicht auf meine Ignoranz zurückzuführen sind und die daher mit der Telekom gelöst werden müssen. Mal geht das Festnetz, mal das Internet nicht, mal ist es der Router, was immer das auch sein mag, mal der Adapter, mal passt die Bridge für das Fernsehen nicht. Keine Ahnung, warum man diese Teile braucht und was sie bedeuten. Also Anruf bei der Telekom. Anders als es mir viele Kunden berichten, erwische ich meist sehr schnell freundliche, jedoch nicht immer kompetente „Service-Berater", aber im Wirrwarr der Call-Center findet sich dann doch irgendwann jemand, der richtig gut Bescheid weiß, so auch letztens. Zur Beseitigung einer globalen Störung sollte ich eine bestimmte Seite im Computer aufrufen, dann in das Fenster eine Ziffernfolge eingeben: „Wissen Sie, das Fenster befindet sich ganz oben auf Ihrem Bildschirm" informierte mich der Telekom-Berater. „Ich weiß doch, was ein Fenster ist" entgegnete ich, stolz wie Oskar. Denn ich bin im Besitz einiger Ausdrücke aus der digitalen Terminologie, die ich allerdings nur ziemlich allmählich erworben habe. Es gab nämlich eine Zeit, in der für mich eine Festplatte ein großer Teller war, auf dem belegte Brote für ein Fest hergerichtet worden waren! Doch nun zurück zur Beratung. Denn der kommunikative Herr von der Telekom schilderte mir dies: „Sie glauben nicht, was sich in dem Zusammenhang alles ereignen kann. Anlässlich einer Problemlösungssituation bat ich einen verzweifelten Kunden, alle Fenster zu schließen." Daraufhin entstand eine lange Pause, länger jedenfalls, als die für das Schließen von digitalen Fenstern benötigt würde. Schließlich meldete sich der Kunde wieder, mit empörter Stimme: „Jetzt habe ich alle Fenster in meiner Wohnung zugemacht, aber am Bildschirm hat sich nix geändert." So ein Pech aber auch!

Schauen wir uns noch das deutsche Verb „gehen" an: „Morgen geht Willy an die Uni". Das bedeutet nicht notwendiger Weise, dass Willy zu Fuß geht. Nur dann kann man sagen „Morgen geht Willy langsam an die Uni" (sonst rennt er immer, weil notorisch zu spät), sondern er fährt mit dem Bus und kann trotzdem an die Uni gehen. Auf die Frage „Wie geht es Dir?" kann man nicht antworten: „Mir geht es langsam". Hier spielt die Fortbewegung keine Rolle. Und Beine sind nicht gemeint, wenn man sagt „Der Teig muss noch gehen". Aber obzwar man auf die Frage „Wie kommst Du mit Deiner Diss voran?" mit „Leider geht es nur langsam voran." antworten kann, läuft weder der Angesprochene, noch haben Manuskripte Beine. Wie hinterhältig solche Ambiguitäten sein können, wissen bestimmt auch alle Leser der „Frankfurter Allgemeinen Zeitung" (FAZ), die jeden Freitag über dem Rätsel brüten. Zum Beispiel: „Schreibt für jedermann und sich selbst tiefe Frömmigkeit zu.“ Nach quälendem Grübeln finde ich „Stift“. Ob aber nur das Deutsche, wie Mark Twain behauptet, reich an Ambiguitäten ist, wage ich zu bezweifeln. Mark Twain verschweigt nämlich, dass z. B. das englische Verb „go“ einen richtig schwierigen Januskopf hat: „George is going to church“: Hier geht George in die Kirche; im Vergleich zu „George is going to be king“: Hier geht George gar nicht, sondern „going“ drückt ein zukünftiges Ereignis aus (das könnte dauern, denn George ist ja nur der Dritte in der Erbfolge).

Die öffentlich-rechtlichen Sender boten sogenannte Funkkollegs zu diversen Themen an. Einer der ersten Kurse war das Funkkolleg „Sprache“ im Jahre 1971, zu dem die Teilnehmer auch Begleitseminare besuchen konnten. Ich bot ebenfalls ein solches Seminar an und interessierte mich dafür, wie andere Begleitseminare abliefen. Einmal hospitierte ich in Offenbach. Und just in dieser Sitzung ging es um Ambiguität von Wörtern. Nach einer Erklärung ermunterte der Dozent die Teilnehmer, weitere Beispiele für ambige Wörter beizusteuern. Und hier ein Beitrag: „Er kam in Begleidung“. Nach kurzem erstauntem Schlucken bedankte sich der Dozent für dieses schöne Exemplar. Es war nämlich ein dialektales Teekesselchen. Denn im Offenbach-Frankfurter Dialekt werden „Bekleidung“ und „Begleitung“ identisch ausgesprochen, „Begleidung“.

Konstruktionelle Ambiguität ließ sich in der Lehre gut verwenden: „Wir schreiben dem Linguisten im Gefängnis einen Brief.“ Wer ist hier im Gefängnis, der Linguist oder wir? Die einzelnen Wörter in diesem Satz sind nicht ambig, wohl aber ihre Zusammengruppierung. Wir schicken dem bemitleidenswerten Linguisten, der sein Leben im Gefängnis fristet, einen Brief. (Übrigens waren zu Zeiten des Vietnamkriegs einige amerikanische Linguisten im Gefängnis, weil sie sich geweigert hatten, den Krieg durch ihre Steuerzahlungen zu finanzieren!) Oder wir bedauernswerte Wesen schreiben in einer kargen Zelle (außer in Darmstadt-Weiterstadt, da gibt es nämlich einen Wellness-Bereich) sitzend dem Linguisten in Freiheit einen Brief. Studenten lernen dabei, zwei Strukturbäume zu entwerfen, einen, in dem sich die Präpositionalphrase innerhalb der Verbalphrase befindet, vermutlich ein Adjunkt unter Vbar, und einen, in dem die Präpositionalphrase in der Subjekt-NP steht und dann „gescrambelt" (sorry: verschoben) wird. Selbst Witze machen sich gelegentlich solche Ambiguitäten zunutze: Eine Dame betritt eine Boutique und fragt die Verkäuferin: „Könnte ich mal das Kleid im Schaufenster anprobieren?" Antwort der Verkäuferin: „Ja gerne, aber wir haben auch Umkleidekabinen." In der Lehre empfiehlt es sich nach meinen Erfahrungen, Strukturbäume mit solchen Beispielen einzuführen, das Lachen der Studenten ist der klare Hinweis für sprachliche Intuitionen, die ja von Linguisten rekonstruiert werden sollen.

Missgeschicke

Damals interessierte sich eine erkleckliche Zahl von Studenten für die Klinische Linguistik, sie ergatterten auf Eigeninitiative Hospitationen in den entsprechenden Rehabilitationsinstitutionen, die meisten von ihnen waren nach erfolgreichem Studium bereits als Sprachtherapeuten tätig, und es wurden außerordentlich erfolgreiche Therapiematerialien entwickelt (vgl. z. B. 1992 Agrammatismus). Die wohl „systematischste" Sprachstörung nach abgeschlossenem Spracherwerb ist die Aphasie, deren Erscheinungsformen ich mich in vielen Lehrveranstaltungen gewidmet habe. Sprachstruktur und -verarbeitung sind bekanntermaßen linkshirnig lateralisiert, sodass Schädigungen (z. B. nach einem Schlaganfall) der linken Hemisphäre beziehungsweise bestimmter sprachrelevanter Areale diverse Sprachstörungsmuster verursachen. Darüber hinaus haben Schlaganfallpatienten sogenannte Hemiplegien, also rechtsseitige Lähmungen der Extremitäten, sodass ihnen, wenn sie Rechtshänder sind, Schreiben ungemein schwerfällt. Häufig unterstützen sie die rechte Hand und den rechten Arm mit dem motorisch intakten linken Arm.

Wieder in der vorerwähnten Kneipe mit den netten Milchkännchen schilderte ein Sprachtherapeut einen Vorfall, der sich tags zuvor in der Gruppentherapie ereignet hatte. An solchen Sitzungen nehmen Aphasiker, aber auch Patienten mit Apraxien teil, einer Störung, bei der Handlungen und die lineare Strukturierung von Gegenständen zu einer sinnvollen Handlung oder der Gebrauch von Gegenständen nicht mehr klar sind. Alle Teilnehmer sollten etwas schreiben, die entsprechenden Utensilien standen für jeden zur Verfügung. Ein Patient mit Apraxie begann damit, Stift, Radiergummi oder Spitzer – das weiß ich nicht mehr genau – hinter sich zu werfen. Der Therapeut wollte ihm zu Hilfe eilen, ergriff eine auf seinem Schreibtisch liegende Schere, ging zu dem Patienten, die Schere wie einen Bleistift haltend: „Herr M., ich zeig Ihnen jetzt mal, wie man schreibt." Während er diese skurrile Begebenheit schildert, zündet er sich eine Zigarette an und unterstützt mit seiner linken Hand die Bewegung von Arm und Hand rechts hin zum Mund!

Wie mühselig der Alltag sein kann, in dem sich jeder ja auch trotz Reflexion, Forschung und Analyse von gerade erhobenen Daten zurechtfinden muss, zeigen nicht nur die eben skizzierten Beispiele, auch mich erwischt es gelegentlich, Erfahrungen, die wir sicher alle einmal machen. In einem Lampengeschäft fragte ich nach einem „Lampello" für mein Badezimmer! Kurz davor hatte ich an meinem Neurolinguistik-Buch (1989) etwas über Benennleistungen einer bestimmten Gruppe von Aphasikern geschrieben, den sogenannten Wernicke-Aphasikern, die oft zu einer Art sprachlichem Überschuss neigen, und einer dieser Patienten benannte eine Lampe mit „Lampello". Ob ich diese Bezeichnung schon permanent in meinem mentalen Lexikon hatte oder ob sie aus einem anderen Gedächtnissystem sich vorübergehend eingeschlichen hatte, kann ich nicht sagen, der Verkäufer kommentierte jedoch die unerwartete Bitte nicht, sondern verkaufte mir eine sehr originelle Lampe in Form einer Eistüte. Irgendwie ist man als Linguist immer im Dienst.

Kapitel 5
Die Einsamkeit der Linguisten

Habilitationen

1980 stand er an, mein Habilitationsvortrag, nachdem meine Schrift „Reflexionen über die Universalgrammatik" angenommen worden war. Suhrkamp veröffentlichte diesen Text, der allerdings ein Ladenhüter wurde (Leuninger, 1979). Ich stellte in meinem Vortrag vor der Fachbereichskonferenz eine Analyse von Leseleistungen eines sprachgestörten Schlaganfallpatienten vor und versuchte, die zugrundeliegenden Verarbeitungsprozesse herauszuarbeiten und mit sprachunauffälligen Verarbeitungsmustern, etwa Versprechern, zu vergleichen (Leuninger, 1982). Diese Herangehensweise ist der Methode der kognitiven Neurolinguistik verpflichtet, gemäß der so lange, bis schlüssige Evidenz für das Gegenteil vorliegt, die Nullhypothese gilt. Ich habe viel später, zusammen mit Monika Klein, nachweisen können, dass die Struktur von phonologischen Paraphasien (lautlichen Fehlern bei neurologisch beeinträchtigten Menschen) regelkonform ist und Versprechern ähnelt, dass allerdings die Distanz der Paraphasie zum Lexikon größer ist als bei Versprechern (Klein/Leuninger, 1988; 1990). Und übrigens auch, dass solche Formen nicht unmarkierter sind als Versprecher, ein Gegenbeleg zu Roman Jakobsons Annahme, dass Paraphasien eine Art Rückkehr zu frühkindlichen phonologischen Produktionen seien (Roman Jakobson, 1969).

Doch nun zurück zu meinem Vortrag. Hier drei Zeilen des vom Probanden während seines Aufenthalts in der Klinik vorzulesenden Texts, den er einige Male in gewissen Abständen lesen sollte:

Vorlage
Er war Maler und verstand sich selbst als Denker

Die Leseleistungen

<table>
<tr><td>Er wal Walter und</td><td>verseb</td><td>sich</td><td>Ø</td><td>als lek</td></tr>
<tr><td></td><td>selcht</td><td></td><td></td><td>lecker</td></tr>
<tr><td></td><td>verselcht</td><td></td><td></td><td></td></tr>
</table>

Vergleicht man diese Leseleistungen mit Versprechern, so zeigt sich, dass viele der Planungsprozesse bei temporären Irrtümern auch hier operativ sind: Antizipation von [l] bei „wal“ oder auch [l] bei „verselcht“, dem dritten Korrekturversuch, und Perseveration von [l] in „lek“ mit dem interessanten Korrekturversuch, das Morphem „er“ hinzuzufügen bei „lecker“.

Der damalige Fachbereichsrat wurde von literaturwissenschaftlichen Kollegen dominiert, Linguisten gab es nur wenige. Und so passierte es: „Könnte es nicht sein, dass der Patient an seinen letzten Besuch in einer Apfelweinkneipe gedacht hat, als er Geselchtes bestellt und verzehrt hat, und dass also ‚selcht‘ durch diese Assoziation verursacht ist?“ Meine Bemühungen, anhand dieser und der anderen drei Leseleistungen zu erklären, dass sie durch ähnliche Prozesse wie Versprecher bedingt sind, dass jedoch die Sprachproduktionen, anders als bei temporären Fehlleistungen, je Item häufig deutlich mehr als einen „Fehler“ enthalten, liefen bei diesem Kollegen komplett ins Leere. Ebenso, wie ich vergeblich versuchte, besagten Kollegen davon zu überzeugen, dass solche Äußerungen keine Poesie sind, dass viele, wenn auch nicht alle, sprachbeeinträchtigten Patienten über ein Störungsbewusstsein verfügen und anders als Poeten dringend danach trachten, sprachlich rehabilitiert zu werden. Schweißgebadet und vereinsamt verließ ich den Raum, aber es ist noch mal gut gegangen.

Offensichtlich ging es anderen Linguisten ganz ähnlich. So schrieb mir ein sehr geschätzter Kollege, der sich in seinem Habilitationsvortrag mit Sprachproduktionsmodellen befasste, folgendes: „Deine Erlebnisse beim Habilitationskolloquium kommen mir bekannt vor. Ich hatte auch mehr

Literaturwissenschaftler als Linguisten als Zuhörer. Ich wurde entsprechend gefragt, ob mein Produktionsmodell auch expressionistische Gedichte produzieren könnte."

Bedeutsames Schweigen

Manchmal wäre Schweigen einfach angebrachter. Bei literaturwissenschaftlichen Habilitationsvorträgen, in denen Poststrukturalismus, Dekonstruktivismus und ein Gewimmel von Texten („echten" Texten, Subtexten und Co-Texten) zur Interpretation herangezogen wurden, habe ich mich niemals als Ignorant zu erkennen gegeben. Auch meine Skepsis in Bezug auf die vielen „Texte", also das Fehlen von typischen textstrukturierenden Einheiten, wie z. B. kohäsive Mittel, behielt ich still für mich.

Nicht so dieser Mitarbeiter der bayerischen Landesregierung. Zu einer Anhörung im Bayerischen Landtag waren als Referenten Vertreter zweier in gewisser Weise verfeindeter Gruppen eingeladen: Verfechter der Gebärdensprache und Verfechter der sogenannten Cochlea-Implantation für hörgeschädigte Personen. Und was fand sich Überraschendes auf der vom Ministerium verfertigten Liste der Referenten? „Herr Dr. Müller, Vorsitzender des Kochlehrerverbandes" (Name geändert). Offenbar hat der Mitarbeiter des Ministeriums sich seinen eigenen Reim auf die Angelegenheit gemacht. Oder war er gespannt, neue Rezepte zu erfahren? Aber war er wirklich bei Sinnen?

Einen ebenso eigenen Reim machte sich der Lektor eines wissenschaftlich sehr anspruchsvollen Readers in einem gleichermaßen renommierten amerikanischen Verlag. Leider habe ich die genaue Angabe zu dem Buch vergessen, aber wegen des wirklich ausgefallenen Verschreibers möchte ich es doch erwähnen. Inhalt der Publikation war ein Spezialfall der Logik, der sogenannte Lambda-Kalkül und der damit verbundene Lambda-Operator. Der Lektor hatte anscheinend kurzzeitig ein Blackout, denn einer der Beiträge wurde mit dem Titel

„The Lambada Operator“ versehen, obwohl doch dick und fett der Gesamttitel obendrüber stand: „The Lambda-Operator“!

In einem Inserat fand sich dieses Stellenangebot: „Superlässiger Rentner für Gartenarbeiten gesucht“ (zuverlässiger), und in einem Gerichtsprotokoll stand, dass Herr X. bei den Sieben Zwergen (Siemens-Werken) angestellt ist.

Ob solche Verschreiber aus Unwissen oder nur ungenauem Hören entstehen, vermag ich nicht zu beurteilen, habe aber eine bestimmte Vorstellung über das Lexikon der Schreiber.

In der linguistischen Beschreibung des Aufbaus von Sätzen gibt es die Unterscheidung von „Thema“ (Satzgegenstand) und „Rhema“ (Satzaussage). Dies fand sich im Stichwortverzeichnis der Universitätsbibliothek in Frankfurt, vermerkt von einem „gescheiten“ studentischen Mitarbeiter jedoch wieder als „Thema – Rheuma“. Von chronischen Erkrankungen in Satzaussagen ist ansonsten nichts bekannt, wie auch die Philosophen „Eichte, Kaut und Nagel“ eher im Verborgenen geforscht haben (Fichte, Kant und Hegel)!

Und wie günstig es ist, den Mund zu halten, erfuhr ich vor vielen Jahren, als ich, damals schon Professorin, Gast in einem von dem großen Soziologen Ulrich Oevermann geleiteten Seminar zur Soziolinguistik war. Das war damals ein allgegenwärtiges Thema. Erforscht werden sollte der Zusammenhang von sozialer Schichtzugehörigkeit und Komplexität des Sprachgebrauchs – im Grunde heute so aktuell wie damals – aber das steht auf einem anderen Blatt. Jedenfalls dachte ich, gut informiert zu sein, schließlich hatte ich einen Großteil der einschlägigen Veröffentlichungen gelesen. Doch – für mich ganz unerwartet – hatte ich große Mühe, der Diskussion im Seminar zu folgen, genau genommen habe ich nix kapiert. Da schwirrten Formen wie „Ei“, „meat“ und „mi“ durch die Luft. „Wieso besprechen die hier biologische Themen? Eier, Fleisch …“ „Mi“ passte nicht so gut rein, vielleicht hatte ich mich aber nur verhört. Ich versuchte natürlich, einen verstehenden und interessierten Gesichtsausdruck zu machen, denn keiner sollte meine Ignoranz bemerken. Das wenigstens gelang, wie ich sehr viel später erfuhr. Vorher aber stieß ich auf ein Buch von George Herbert Mead mit dem Titel „Mind, Self and Society from the Standpoint of a Social Behaviorist" von 1934, in dem der Autor ausführt, dass jeder („I") auch ein generalisierter anderer („me") ist, d. h. sich aus der Sicht des Anderen betrachtet (heute vielleicht Spiegelneurone). Mit Fleisch und Eiern hat sich Mead meines Wissens nicht beschäftigt, jedenfalls nicht in seinen philosophischen Überlegungen. Sogar noch heute ist mir meine damalige Unkenntnis mit der daraus resultierenden Interpretation extrem unangenehm, aber glücklicherweise hat dies damals niemand bemerkt.

Schweigen sollte man also gelegentlich, das kann in jeder Hinsicht von Vorteil sein.

Kapitel 6
Die Studenten – ein munteres Völkchen

Neue Schuhe

Für Studenten, die gerade begonnen haben, die Formensprache der Linguistik zu erschließen, ist der Unterricht offenbar nicht immer sehr motivierend. Ich habe schon alle didaktischen Tricks versucht, bin z. B. einmal im Stepptanz in den Hörsaal gekommen! Ich erhielt tosenden Applaus und ein Dacapo. Später hatte ich zur Hälfte des Seminars gymnastische Übungen für die Wiederherstellung (?) der Konzentration gemacht. Das Nette war, dass ein Teilnehmer eine Uhr mit gut sichtbaren Ziffern vor mich hingestellt hatte, damit ich wusste, wann die Sportpause war. Andere Ablenkungen gingen jedoch nicht von mir aus. Die Studenten der Linguistik haben also anscheinend nicht mit so vielen formalen Strukturen gerechnet, als sie sich entschlossen haben, Germanistik zu studieren. Daher sind für alle Lehramts- und Magisterstudenten die Einführungen in die Linguistik verpflichtend, eine psychische und kognitive Herausforderung und sicherlich oft maßlos anstrengend.

Ich stehe also vor etwa 300 Studenten auf dem Podium, mein Hundchen liegt entspannt unter dem Tisch. Und ich bemühe mich, mit einer Mischung aus Humor und Ernst, engagiert den Studenten zumindest einen Hauch der Grammatiktheorie zu vermitteln. Offenbar vertreiben sich die Teilnehmer ihre Zeit aber mit ganz anderen Dingen. Quasi mitten in meiner Erklärung kam ein Student von ganz hinten nach vorne zum Podium, stellte sich neben mich, hob sein Bein (welches es war, weiß ich allerdings nicht mehr) und teilte dem Auditorium mit: „Ich hab auch neue Schuhe." Auch? Ja, das stimmte, ich hatte neue Schuhe an, das schien offensichtlich interessant zu sein, wohl interessanter als mein Bemühen zu erklären, „dass in zeitlich flektierten Sätzen die Subjekt-Nominalphrase den Nominativ-Kasus erhält"! Wie sollte ich auf des Studenten Bemerkung reagieren? Meine Lösung war die: „Wir beglückwünschen unseren Kommilitonen zu seinen schönen neuen Schuhen." Ohne die Ironie zu registrieren, gingen die neuen Schuhe mit dem Kommilitonen daran zurück zu ihrem Platz, ganz hinten oben im Hörsaal. Wie gesagt, hatte ich schon immer die Vermutung, dass während meiner Vorlesung meine Bemühungen um die Bereicherung des Wissens über die fantastische Struktur menschlicher Sprachen mit vielen anderen kognitiven Apps konkurrieren. Dass aber neue Schuhe den Wettbewerb gewinnen, damit hätte ich dann doch nicht gerechnet.

Wolle und Erbsen

Die folgende Anekdote wurde mir von einem Kollegen einer anderen Universität berichtet. Der Einstieg stammt jedoch von mir. Im Alten Testament, Prediger 3, 1–8, heißt es: „Für alles gibt es eine Zeit." Das Leben sei in von Gott vorgegebene, unveränderbare Abschnitte eingeteilt, der Einfluss von uns, den Menschen, sinn- und zwecklos. Und eine Phase wird so beschrieben: „Fürs Reißen gibt es eine Zeit und eine Zeit fürs Nähen." Denkbar ist, dass der Prediger auch dieser Variante zugestimmt hätte: „Fürs Auftrennen gibt es eine Zeit und eine Zeit fürs Stricken." Dass diese Zeit jedoch in Universitätsveranstaltungen des 20. Jahrhunderts hineinpasst, hätte ihn sicher irritiert. Diese Zeit lag in den 1970er Jahren. Ganz unabhängig davon, ob die Veranstaltung klein und überschaubar oder mit Hunderten von Studenten überfüllt war, es wurde gestrickt, was das Zeug hält. Mitschreiben oder wenigstens klitzekleine Notizen erstellen, das ging natürlich nicht, und an die Tafel schauen war nur den absoluten Strickprofis oder denen möglich, die bloß rechte Maschen strickten. Meine Lösung in diesen wöchentlich wiederkehrenden Handarbeitsstunden bestand darin, mich persönlich nach Fortschritten („ach, das ist ja schon der erste Ärmel, Sie sind wirklich flink") oder nach interessanten und aufwendigen Mustern zu erkundigen. Man soll ja die Studenten da abholen, wo sie gerade sind: beim

Ärmel, beim Zopfmuster oder beim Zusammenstricken der einzelnen Teile, mitgebracht in beigen Jutetaschen.

Zunächst nicht so entspannt war damals eine Kollegin. Nach wiederholten Ermahnungen, das Stricken doch einzustellen, kam ihr, wie sie hoffte, eine blendende didaktische Idee. Zur nächsten Vorlesung brachte sie zwei Schüsseln und ein Pfund Erbsen (!) in Schoten mit, platzierte diese erstaunlichen Utensilien auf das Pult und begann ihre Ausführungen zu neueren Entwicklungen der formalen Linguistik unter gleichzeitigem (heute: zeitgleichem) Auspulen der Erbsen aus ihrer grünen Hülle. Diese warf sie dann jeweils in die eine Schüssel und die Schoten in die andere: „Fürs Pflanzen gibt es eine Zeit und eine Zeit, Gepflanztes auszureißen – und Erbsen auszupulen." Die Studenten setzten ihr Stricken unbeeindruckt fort.

Ein neues Personal

Die Veranstaltungsteilnehmer sind oft gar keine Studenten, jeder kann im Grunde in die Hörsäle oder Seminarräume kommen. Die Frankfurter Universität wurde – wie sicherlich auch andere Hochschulen – daher ab und an von Personen heimgesucht, deren mentale Verfasstheit deutlich von der Norm abweicht. Da saß z. B. in der ersten Reihe in einer meiner großen Vorlesungen der „Schnullermann", also ein Student (?), der unzählige Schnuller aufgereiht auf einer Schnur um seinen Hals trug. Auch der in Frankfurt berühmte „nackte Jörg" hatte sich gelegentlich in den Hörsaal verirrt. Mitschreiben konnte er natürlich nicht, denn wo hätte er Heft und Schreibgerät unterbringen sollen?

Und einmal im August zog in den Gang unseres Instituts ein Zwillingspärchen ein, ausgerüstet mit einem Kocher, zwei Luftmatratzen und einer Flasche Chianti. Sie zogen wirklich ein; vorher „wohnten" sie nämlich in einem anderen Institut, das jedoch im August geschlossen hatte. Natürlich hätten die Leitung und alle Mitarbeiter unseres Instituts, daher auch ich, auf ihrem Hausrecht bestehen können; liberal aber, wie wir damals waren, wurde davon nicht Gebrauch gemacht. Das ginge heute nicht mehr.

Hungersnot und Dürre

Mein Seminar beginnt um 10.15 Uhr, vorher müsste es doch ein bisschen Zeit für einen Snack, eine Tasse Kaffee und das mittlerweile unentbehrliche Wasser gegeben haben. Ich habe mich jedoch getäuscht. Pünktlich um besagte Zeit – bloß keine Minute früher – Eintritt oder gelegentlich auch Einrollen (auf Inline-Skatern) von Studenten mit Tablett (tablet neuerdings auch), darauf Brötchen und Kaffee, jonglierend und unter dem Arm eine Flasche Wasser, erstanden in der Cafeteria im Campus Westend, das ja nur 20 Schritte entfernt vom Seminarraum liegt, gemächliches Hinsetzen – bloß keine Hektik –, und „zeitgleich"/„zeitnah" mit/zu meinen einführenden Bemerkungen zur Einordnung des folgenden Referats in den allgemeinen Zusammenhang des Seminarthemas wird das Brötchen aus seiner Zellophanhülle befreit, und man beginnt, in aller Gemütlichkeit zu frühstücken. Viele meiner Kollegen regen sich über solches Verhalten auf, während ich es mit Ironie versuche, mit Blick auf die frühstückenden Studenten: „Ach, jetzt fällt es mir wieder ein. Gerade vorhin habe ich im Radio gehört, dass in den nächsten 90 Minuten Frankfurt von einer Hungersnot und einer Dürre heimgesucht wird." Das hat aber gar nichts bewirkt, denn im Verlauf des Seminars wurde das Frühstück mit dem Verzehr mitgebrachter Speisen und Getränke genossen. Nur der Student, der das Referat halten sollte, kam lediglich mit seiner Power-Point-Präsentation und einer großen Wasserflasche nach vorne, nahm zunächst einen großen Schluck und startete seine Ausführungen mit „Genau."(!,?, vgl. Kap. 13).

Bezeichnend ist in diesem Kontext auch eine Ermahnung aus dem Rundschreiben des Präsidenten einer anderen hessischen Universität: Es sei nämlich nicht mehr (!) zulässig, während einer Veranstaltung bei einem Pizza-Service telefonisch eine Bestellung aufzugeben bzw. die bestellte Pizza in Empfang zu nehmen. Überall akademische Hungersnöte.

Tafeln

Zwar wurde von allen Seiten, insbesondere von der Hochschulleitung, nahezu ununterbrochen betont, wie wichtig eine gute Lehre sei, und Evaluationen tauchten plötzlich auf, die blieben jedoch folgenlos. Einmal wurde ich vom Präsidenten aufgefordert, meine Äußerungen in einem Radiointerview zurückzunehmen. In diesem Interview sagte ich, dass die Universitätsleitung gar kein Interesse an der Lehre habe, exemplarisch erwähnte ich die Abwesenheit von Tafeln, für Unterricht in Linguistik wirklich ein Problem. Schließlich brauchen wir Strukturbäume und müssen den Sinn solcher formaler Objekte nach und nach entwickeln können. Meine Behauptung habe ich nicht zurückgenommen. Und ich stehe dazu. Denn viel wichtiger war, dass man Drittmittel einwarb, von denen jedoch nur ein verschwindend geringer Teil der Studenten profitiert. Und auch ohne Drittmittelprojekte haben die Studenten in der Lehre teil an der Forschung.

Kapitel 7
Mathematik und andere Mysterien

Wurzeln

Eigentlich schon von Beginn meiner linguistischen Interessen hat mich hauptsächlich die von Noam Chomsky begründete generative Transformationsgrammatik – wie sie anfangs noch hieß – fasziniert. Irgendwann kam der dringende Wunsch auf, ihren mathematisch-logischen Hintergrund zu verstehen. Schließlich mussten Texte erschlossen werden, in denen von Chomsky-Hierarchien, Ausdrucksvokabular oder auch intensionaler Logik die Rede war; „strings" in Chomskys „Syntactic Structures" kannte ich auch nicht und fand im Wörterbuch „Kette", das sich für mich erst später als mathematisches Objekt, und nicht als Schmuckstück erwies. Ich wollte mich ja auch nicht vor den vielen äußerst kenntnisreichen Kollegen blamieren. Und was erschwerend hinzukam: sogar in Studien zum Spracherwerb wurde die Turing-Maschine mit ihrer look-ahead-capacity eingearbeitet, wie ebenfalls in anderen psycholinguistischen Untersuchungen zur echtzeitlichen Sprachverarbeitung. Also fragten ein paar Studenten (männlich) und ich, ob unser Superhirn, ein Student der Mathematik, Philosophie und Linguistik – solche Kombinationen waren zwar sehr selten, aber sie waren vor der Bachelor-Zeit möglich –, ob er uns in die wichtigsten mathematischen Grundlagen einweihen könne. Er sagte zu und startete die erste – und wie sich zeigen würde, die letzte – Arbeitsgruppensitzung, beginnend mit mir bereits ein wenig vertrauten Aspekten, wie Turing-Test oder Gödels Unbeweisbarkeitstheorem. Ich war also guten Mutes, dass es so weitergehen würde. Doch plötzlich, und für mich völlig unvermittelt, schrieb er eine Wurzel mit irgendwelchen Zahlen an die Tafel. Ich schaute verstohlen die „Jungs" an, die alle einen verstehenden Gesichtsausdruck machten, sodass ich nicht wagte, nach der Funktion der Wurzel zu fragen. In der Pause flüsterte ich einem der „Jungs" zu:

„Warum hat M. eine Wurzel an die Tafel geschrieben?" und erhoffte eine klärende Antwort. Diese aber blieb aus, denn: „Ein Mathematiker kann immer eine Wurzel ziehen." Wir alle gaben auf.

Künstliche Intelligenz?

Alsbald hielt der Computer Einzug auch in die universitären Büros, und die Künstliche-Intelligenz-Forschung machte sich in der Linguistik breit, insbesondere in die pragmatische Komponente der Sprachfähigkeit. Diskutiert wurde z. B. die Konzeption von sogenannten „frames" (Rahmen, Schemata), welche die Effizienz und Geschwindigkeit der digitalen Berechnung garantieren sollten. Dies sollte die menschliche Sprachverarbeitung simulieren und damit die menschliche Kognition modellieren. Aber: „Die menschliche Intelligenz … ist dadurch ausgezeichnet, dass wir grundlegend fehleranfällig sind." (Markus Gabriel, 2018). Schon Fodor wies in seinem bahnbrechenden Buch „The Modularity of Mind" (1983) – eines meiner Lieblingsbücher – darauf hin, dass unser Wissen sich ständig verändert und mit unsagbar vielen Prozessen und Weltwissen dynamisch verknüpft ist. Und zu diesem Wissen haben wir auch Zugang, wir wissen, was wir wissen. Roboter aber sind nichts anderes als „ein Aktenordner", der Informationen zwar enthält, aber nicht weiß, welche Informationen er enthält, so Gabriel (Interview am 8.2.2020 in 3sat). Und Menschen sind anders als Systeme sogenannter künstlicher Intelligenz „nur partiell vorhersagbar, weil wir dauernd kleinere oder größere Fehler begehen, für die man kein Programm schreiben kann." Wie Recht er doch hat. Versprecher sind eine gute Evidenz für diese Annahme.

Im Großteil der Fälle entstehen Versprecher aus dem internen Sprachplanungssystem. Ab und an werden Fehlleistungen durch planexterne Faktoren beeinflusst: Im Gottesdienst betete der Pastor: „Gott gib uns Taft" statt „Kraft". Seine Frau, die mir von dem Versprecher berichtete, wünschte sich dringlich ein

Kleid aus Taft! Wäre der Stoff aus Seide, Samt oder Tüll gewesen, hätte sich der Versprecher vermutlich nicht ergeben. Denn auch wenn hier planexterne Faktoren eine Rolle gespielt haben, so muss doch das Wort durch das Nadelöhr Formähnlichkeit, „Taft" und „Kraft" sind sicher nahe beieinander gespeichert. Aber eine vergleichbare Simulation durch ein vermeintlich intelligentes digitales System ist nicht vorhersagbar. Zwar könnte das System über ein Formlexikon verfügen, nicht aber über das vom menschlichen Gehirn gleichzeitig aktivierte episodische und zu einem erheblichen Anteil subjektive Wissen.

Offenbar besitzen unsere digitalen Kollegen auch ein sehr aktives und ziemlich selbstbewusstes (!) Wörterbuch. Neulich nämlich erhielt ich von meinem ausnehmend gebildeten Patenkind eine Mail (ein Mail?) mit der Anrede: „Liebe Tante Heil". Und kurz danach „Liebe Tante Held". Er hatte die Nachricht auf seinem Smartphone geschrieben, das mit meinem Namen „Heli" (so nannte ich mich eine Zeit lang) nichts anfangen konnte, nein, man müsste ja sagen, smart, wie es war, hatte es das in seinem Wortschatz nicht vorkommende, also nicht existierende Wort „korrigiert"! Eine noch witzigere digitale „Korrektur" fand sich in folgendem Mail: „... habe ich auch schon mit Youtube-Versionen der Arie von Cecilia Bartlos gehört." Die fantastische Sopranistin Cecilia Bartoli hat zwar keinen Bart, aber einen eigenen italienischen Namen, obwohl sie auf dem Cover ihrer neuen Platte mit Stücken des Kastraten Farinelli mit Bart abgebildet ist, aber das hat das Smartphone sicher nicht gewusst. Und aus „vorgebärdete Antworten" wurden „vorgebildete Antworten". Und in einem vom Morgenmagazin am 28.9.2016 zitierten Zwitschern, äh, Tweet, in Bezug auf eine Geldbuße für Marc Zuckerberg war zu lesen: „Die Strafe wird aus der Kaffeekanne bezahlt." „Kaffeekasse" ist vielleicht schon zu altmodisch, um noch im digitalen Wörterbuch eingetragen zu sein. Anlässlich meines Geburtstags erhielt ich ein SMS: „Liebe Helen, alles Gute zum Geburtstag von Kombi und Peter." Wer ist bloß „Kombi", ein Spitzname, oder ein Auto, das mir gratuliert? Nein, es war Conni, die mir Wünsche schickte!

Auch wenn Smartphones sicher nicht so mächtig wie viele Computer sind, von Quantencomputern ganz zu schweigen, so müssten sie eben auch Weltwissen haben, ein sehr umfangreiches und dynamisches, halt so eines wie unseres, und sie sollten sinnvolle Sätze bilden, wie wir es doch meistens können.

Schemata

Auch die Nutzung von „Schemata" (frames) führt möglicherweise zu einer größeren Effizienz, aber sind die wirklich zielführend? Traueranzeigen sind ja solche „frames", doch was findet sich da? „Nach langer, schwerer und mit großer Geduld ertragener Krankheit nehmen wir Abschied von unserem Ehemann, Vater, Opa … Otto Meier". Die so vermittelte Botschaft ist ja: Die armen Angehörigen sind sehr schlimm krank, und der Ehemann, Vater, Opa ist gestorben! Eine noch geheimnisvollere Mitteilung wird dem Leser dieser Traueranzeige überbracht: „Nach einem langen erfüllten Leben nehmen wir Abschied von Karl-Heinz Schmidt" – eine Mitteilung aus dem Hades?

Eine ebenso witzige Information wurde mir vor einiger Zeit in den Verkehrsnachrichten überbracht: „Auf der Autobahn Frankfurt–Köln schneit es in beiden Fahrtrichtungen", ganz unerwartete meteorologische Erkenntnis über die Verteilung von Schneeflocken. Aber nein, auch hier hat sich der „frame" „Stau in beiden Fahrtrichtungen" durchgesetzt, mit sinnleerem Ergebnis.

Wie man den sprachlichen Mustern noch auf den Leim gehen kann, illustriert auch folgendes Anekdötchen. Für Grußkarten zu diversen Anlässen existieren in unseren Köpfen solch vorgefertigte Rahmen. Zu Weihnachten erhält man Karten mit Formulierungen wie „besinnliche, ruhige, friedvolle Festtage" und vergleichbaren Schmus, so, als ob jeder vor dem 24. Dezember gehetzt oder kriegslüstern gewesen wäre. Vorformuliert existiert auch: „Liebe/lieber …, feiere – hier nach Belieben einsetzbar friedvolle/ruhige/besinnliche

Festtage/Weihnachten – im Kreise Deiner Familie.“ Beim folgenden Wortlaut nun ist der Kartenschreiber diesem Muster auf den Leim gegangen. Die Karte richtete sich an eine verwitwete Verwandte namens Elfriede, die sich mit ihrer einzigen Tochter eine Wohnung teilt, und es ergab sich: „Liebe Elfriede, feiere besinnliche Weihnachten im Kreise Deiner Tochter.“

Wie tröstlich, wir können uns für immer zurücklehnen. Auch „frames“ sind fehleranfällig, und wie sollte ein sogenannter intelligenter Computer all das erzeugen?

Kapitel 8
Sprechstunden – ein Kaleidoskop

Und zwar

Nicht nur vor den Exzellenzbemühungen der Universitäten und den durchorganisierten Bachelor- und Master-Studiengängen, natürlich auch der Goethe-Universität, habe ich in Sprechstunden Erstaunliches erlebt. Ob es anderen Kollegen auch so ging, weiß ich nicht. Vielleicht aber finden sie sich auf die eine oder andere Weise in den Geschichten, die ich nun erzähle, wieder, schmunzelnd, überrascht oder gar betroffen in ihren Erinnerungen.

Neulich stellte mir ein geschätzter Kollege der romanistischen Linguistik folgende prickelnde Frage: „Habt Ihr germanistische Linguisten schon mal über dieses Rätsel nachgedacht und es gelöst: Was passiert eigentlich, wenn ein Student in die Sprechstunde kommt und seine Rede beginnt mit ‚und zwar'?" Mir war das nie aufgefallen, aber bereits in meiner nächsten Sprechstunde tritt ein Student in mein Büro ein mit der Äußerung „und zwar"! Ja, was passiert da? „Und zwar" ist ja eine sprachliche Konstruktion, die etwas vorher Geäußertes näher erläutert wie „Ich habe mir gestern ein rotes Kleid erstanden, und zwar in der Goethestraße." Der berühmte amerikanische Sprachphilosoph Jerry Fodor nennt in seinem Buch „The Language of Thought" (1975) die der Produktion und Wahrnehmung von Äußerungen vorgeschaltete innere Sprache „Mentalesisch". Wir kennen das ja alle, wenn wir vor oder auch unabhängig von der Artikulation eine Botschaft oder einen Gedanken sprachlich quasi vorformulieren. So weit, so gut. Wenn wir jedoch jemandem etwas mitteilen wollen, dann muss es raus, „irgendwo muss das Zeugs ja hin", und zwar (!) nicht, wie der Baden-Württembergische Ministerpräsident Kretzschmann meinte, der atomare Müll, sondern die hörbare (und für Gebärdensprache sichtbare) Äußerung (manchmal auch Müll) zum Gegenüber.

Besagter Linguistikstudent hätte seine Anfrage beispielsweise starten können mit: „[Ich möchte gerne bei Ihnen Prüfung machen], und zwar in den Bereichen Psycholinguistik und Gebärdensprachforschung.“ Das in [] Stehende war jedoch bloß Mentalesisch. Und dieser Student hatte Fodor gar nicht gelesen!

Was passiert eigentlich, wenn wir Sätze hervorbringen? Der Äußerung liegt ein Plan zugrunde, denn Planung eines Satzes heißt ja zunächst nichts mehr und nichts weniger als dies: Ein Gedanke, eine Botschaft will eine sprachliche Form finden, die für das Gegenüber dekodierbar ist. Zwar kann es sich dabei um Neuigkeiten handeln, aber diese sollten zu einem gemeinsamen, geteilten Wissen irgendwie passen. Auch spielt die Stilebene dabei eine Rolle. Je nach formalem Kontext verwenden Sprecher unterschiedliche sprachliche Formen. In einer Traueranzeige wird ja wohl nicht stehen: „Nach langer Krankheit ist unser geliebter Vater abgekratzt.“ Jetzt muss also das passende Wort aus dem inneren Wortspeicher ausgewählt werden, genau genommen aus einem Teil dieses Speichers, nämlich dem Bedeutungsspeicher. Selbst Versprecher befolgen diese Beschränkung. Bei einem bestimmten Versprechertyp, den sogenannten Kontaminationen, verbinden sich nur Ausdrücke derselben Stilebene. Es geht also: „der entschiedene“ aus „entschlafene“ und „verschiedene“, nicht aber der „entkratzte“ aus „entschlafene“ und „abgekratzte“. Alsdann erhält diese noch recht abstrakte Information eine Form, denn oft kennt man die Bedeutung, nicht aber die Form. Alles wird dann in eine grammatische Struktur eingepasst und verlässt schließlich den inneren Prozess und wird hör- oder für Gebärdensprachen sichtbar geäußert.

Dieses System ist äußerst fehlerresistent, obwohl die ganzen Operationen im Millisekundenbereich durchgeführt werden. Und ebenso genial sind Fehlerkorrekturen: Wir kontrollieren selbst unsere Äußerungen, sind also gleichzeitig Produzenten und Rezipienten. Alles eine fantastische Leistung unseres Gehirns.

Dialekte?

Gelegentlich machen sich tatsächlich immatrikulierte Studenten sehr eigenwillige Gedanken, die sie auch zu Papier bringen; dieser eine Student, von dem ich jetzt berichte, nannte seine Darlegungen „Thesenpapiere“. Regelmäßig erhielt ich solche verschrifteten Überlegungen. An eine kann ich mich noch gut erinnern – das Thesenpapier war betitelt mit „Linguistik und Meteorologie“. Besagter Student erklärte mir in meiner Sprechstunde seine mir noch unklare neue Erkenntnis so: „Sitze ich an meinem Schreibtisch und die Sonne scheint, dann sage ich: Die Sonne scheint“ (mit tirilierender hoher Stimme). „Wenn es jedoch regnet, dann sage ich: Es regnet“ (mit gesenktem Kopf, traurigem Gesicht, schleppender Artikulation und ganz tiefer Stimme). So ließen sich, das seine bahnbrechende Schlussfolgerung, Dialektunterschiede erklären. Unter Berücksichtigung aller einschlägigen sprachwissenschaftlichen Theorien kann man allerdings nicht erkennen, wie das Wetter mit dialektalen Unterschieden zusammenhängt – aber vielleicht fehlt mir dazu die Vorstellung, weil ich allzu fantasielos bin. Der Frankfurter Ausdruck „eiereggisch“ (Standard: „eiereckig“) bedeutet „oval“. Für uns Frankfurter bedeutet „eckig“ allgemein Form, und damit entsteht in dem Kompositum kein Widerspruch. Die rätselhafte Frage, ob „eiereggisch“ bei Sonnenschein oder bei Regenwetter entstanden ist, müssten wir nun lösen können. Meteorologische Faktoren sind bestimmt auch nicht für die folgenden Dialektwörter verantwortlich, die ich um der Heiterkeit willen noch hinzufügen möchte:

- Mamauerbabambler (mit den für das Frankfurterische typischen Nasalkonsonanten, also: Mãmauerbãbambler), übertragen ins Standarddeutsche: „Mainmauerbeinbaumler“, Bedeutung: Taugenichts, Tunichtgut
- Ransereise (mit zweimal stimmhaftem s); Bedeutung: schlimme Bauchschmerzen
- Kopprobbe („robbe“ bedeutet reißen); Bedeutung: starke Kopfschmerzen

Und schließlich mein Lieblingsbeispiel: „Isch seh zwar aach aus wie e Läsch, abbä des lischt an meim Aldä"; übertragen ins Standarddeutsche: „Ich sehe zwar auch aus wie eine Lärche, aber das liegt an meinem Alter". Wieso Lärchen unansehnlich sind, versteht sich nicht von selbst, vielleicht eine Lärche bei schlechtem Wetter! Oft wird für die Standardvariante des Deutschen noch der Ausdruck „Hochdeutsch" verwendet, der wohl nicht ganz passend ist. Übrigens kann man mit den Dialektbeispielen besonders in Einführungsseminaren mal darauf hinweisen, dass eine gesicherte Unterscheidung von Sprache und Dialekt nicht möglich ist, getreu nach dem Zitat „Eine Sprache ist ein Dialekt mit Militär und Marine"; das stammt von Max Weinreich, im Original in Jiddisch. Die Unterschiede liegen wohl meist im lexikalischen Bereich, aber auch in Redewendungen. Und das gilt auch für Gebärdensprachen. Jeder Hörende, der wie ich Gebärdensprache lernt, wird bald erfahren, dass es im lexikalischen Bereich viele dialektale Varianten gibt.

Noch mal Erbsen, ein unbekannter Philosoph und Verse

Ich sitze in meinem Büro, erwarte den Anruf eines lieben Kollegen, das Telefon klingelt, und ich nehme frohen Herzens den Hörer ab: „Wie schön, dass Du Dich meldest", sage ich zu dem vermeintlichen Kollegen. Schnell werde ich eines Besseren belehrt. Die Bitte, die der Anrufer mir gestellt hat, kann nicht von meinem Kollegen stammen: „Frau Leuninger, können Sie mir sagen, was es heute in der Mensa zu essen gibt?" Ich bin baff, antworte jedoch ganz neutral: „Oh, das weiß ich nicht, rufen Sie doch direkt in der Mensa an." Damit ist für mich eigentlich das Gespräch beendet, nicht hingegen für den Anrufer, denn dieser begründet dann sein Anliegen: „Und zwar (!) wollte ich mir heute eine Erbsensuppe kochen, öffne die Dose, doch die Erbsen fliegen jetzt in meiner Küche umher." Fast hätte ich ihm den Tipp gegeben, die flüchtigen Erbsen mit einem Köcher einzufangen, tue dies aber nicht, um der außergewöhnlichen Geschichte nicht weitere Nahrung zu verleihen. Ich beende also das Gespräch mit einer Äußerung des Bedauerns: „Tut mir leid, da kann ich Ihnen leider nicht weiterhelfen. Wenn Sie jedoch kurz vor dem Verhungern sind, empfiehlt sich – wie bereits gesagt – ein Besuch in der Mensa." Hier müsste ich in meinem Gehirn meine Märchen-App aufrufen. Jedoch war mein Anrufer keine Figur aus einem Märchen.

In einigen meiner Veranstaltungen zur Semantik wurde auch die Debatte zwischen Rudolf Carnap (1947) und Gottlob Frege (1892) in Bezug auf Präsuppositionen diskutiert. Eines Tages in meiner Sprechstunde schlug ein Student vor, dass er gerne in der mündlichen Magisterprüfung über die Theorie von „Friedsch" [fRi:dʃ] geprüft werden wolle. Ich fragte ihn, um welchen Wissenschaftler es sich handele und wie dessen Vorname sei. Das wusste er nicht, denn wenn er ihn gekannt hätte, Gottlob nämlich, dann wäre er vermutlich nicht auf [fRi:dʃ] gekommen. Offenbar hatte er auch nicht das Original, sondern nur irgendwelche Skripten gelesen, ein regelmäßig zu beobachtendes Phänomen, heute mit Wikipedia sicherlich noch häufiger.

Fliegende Erbsen haben wir ja schon eingefangen. Nun erzähle ich eine Geschichte, die anfänglich erstaunlich und am Ende traurig war. In einer meiner Sprechstunden schlug mir eine Studentin ein mir zunächst recht interessant erscheinendes Thema für eine Magisterarbeit vor: Eine kontrastive grammatische Analyse Rumänisch – Deutsch. Gutmütig, vielleicht gar trottelig, wie ich immer war, akzeptierte ich die Idee, nicht ahnend, was darauf folgte. Auf meine Frage nach einem vorläufigen Konzept, etwa welche grammatischen Strukturen die Studentin für ihre Analyse auszuwählen plante, kam eine äußerst überraschende Antwort. Sie habe zwar noch keine Vorstellung über den Inhalt ihrer geplanten Arbeit, jedoch über deren Form: „Ich möchte meine Magisterarbeit in Versen verfassen, das ist doch möglich?" Unverzüglich war mir klar, dass dieses „Projekt" chancenlos sein würde. Dennoch nahm ich den Ball auf mit meiner Nachfrage: „Welches Versmaß werden Sie wählen, Hexameter oder Iamben, oder ein anderes?" Die Studentin war sich aber über die poetologische Form ihres Werks auch noch nicht klar! Sie verabschiedete sich, dankend für mein Verständnis. Monatelang hörte ich nichts mehr von ihr, was ich auch erwartet hatte. Erbsen und gereimte Magisterarbeiten konnten mich nicht mehr erschüttern. Doch dann kam unvermutet ein Anruf besagter Studentin: „Frau Leuninger, bin in Psychiatrie, wegen Mann, Mann meines Lebens." Ob sie dort geblieben ist oder den Trennungsschmerz vom „Mann ihres Lebens" in der Zwischenzeit überwunden hat, weiß ich nicht. Ich habe sie nie mehr gesehen.

Unerwartete Beratung und ein Scheitern

Eigentlich sind Berichte über Sprechstunden nicht besonders interessant, es sei denn, sie spiegeln auf eine skurrile Art und Weise das akademische Leben wider. Im Verlaufe meiner Lehrtätigkeit habe ich offensichtlich – das wurde mir erst in den im Folgenden geschilderten Begebenheiten klar – Themen angeboten, die anscheinend nicht nur linguistisch von Interesse waren. So befassten sich einige Seminare mit schizophrener Rede, also etwa mit der Frage, wie idiomatische Wendungen verstanden werden, oder mit der Struktur von Arzt-Patient-Dialogen und der dabei auftretenden Schwierigkeit der pronominalen Selbstreferenz (vgl. Leuninger, 1991). Ein Seminar zu diesem Thema musste ich übrigens abbrechen, denn Referate konnten nicht verteilt werden, weil ein Gros der Teilnehmer sogenannte Betroffene, also keine Studenten, waren; einige von ihnen brachten ihre mit Kleidung und Essensvorräten vollgepackten Einkaufswagen mit.

Aber nun zurück zur Sprechstunde. Außer der Reihe wartete ein Student vor meinem Büro. Er erhielt Einlass, ich war der irrigen Annahme, dass es sich um ein dringendes, nicht aufschiebbares Problem handelt. Das traf auch zu, jedoch ganz anders, als ich es erwartet hatte: „Sie haben ja vor Jahren ein Seminar über Schizophrenie abgehalten, an dem ich auch teilgenommen habe. Ich bin aber nicht schizophren." Nur ein „Ach" entschlüpfte mir. „Ich will Sie aber zu Ihrer Einschätzung fragen zu dem, was ich neulich erlebt habe. Ich wohne im Norden [von Frankfurt, Anm. d. Verf.], doch als ich an einem Kiosk in Sachsenhausen [Süden von Frankfurt, Anm. d. Verf.] vorbeiging, hörte ich, wie zwei mir gänzlich unbekannte Männer über mich redeten." Weitere unerklärliche Erlebnisse wurden noch hinzugefügt. Was sollte ich beklagenswerte Linguistin dazu sagen? „Stimmen zu hören, soweit ich mich an die für Schizophrenie vom Diagnostic Statistical Manual der Weltgesundheitsorganisation angeführte Symptomatik erinnere, gehört zu dem Krankheitsbild der Schizophrenie, Stimmen also, die nur im Kopf und nicht in der Realität erzeugt werden." Nach dieser Ausführung, die mir extrem unangenehm war, riet ich dem Studenten, einen Psychiater seines Vertrauens zu konsultieren. Möglicherweise werde ihm empfohlen, eine Zeit lang Neuroleptika einzunehmen: „Die neue Generation von Neuroleptika hat nicht mehr die dramatischen Nebenwirkungen früherer Tabletten." Dies hatte ich zufällig bei einem Telefonat mit einem befreundeten Psychotherapeuten erfahren. Der Student bedankte sich für meine hilfreiche Beratung, und ich blieb perplex zurück.

Jetzt spielen das Cover und die Rückseite von Fodors „The Modularity of Mind" (1983) eine Rolle. Auf diesen sind Vorder- und Rückansichten des menschlichen Gehirns mit Ziffern für diverse Vermögen versehen, wie Franz Joseph Gall (1758–1828) sie sich vorstellte. Fodor bezieht sich auf Gall, weil er – neben auch eigentümlichen Vorstellungen – Vermögen annahm, die domänen- und inputspezifisch sind, wie das in Fodors Theorie entfaltete sprachliche Inputsystem. Über diese Thematik hatte ich Mitte der 1980er Jahre ein Seminar angeboten, es wirkte wohl noch nach, wie wir gleich sehen werden. Denn es besuchte mich in meiner Sprechstunde ein Student, Fodors Buch in der Hand haltend: „Frau Leuninger, ich habe Sprachstörungen", und wies dabei auf die linke Seite des Gallschen Gehirns hin. Aus dieser Abbildung, die ja nur Ziffern enthält, kann man jedoch keine sprachrelevanten

Areale erkennen! Die weiteren Darlegungen des Studenten waren so, dass sich keine Defizite ausmachen ließen, weder grammatische noch semantische. Das teilte ich ihm auch mit, und er verließ zufrieden mein Büro.

Einmal kümmerte ich mich intensiv um einen sehr gescheiten Doktoranden, der – mir zunächst ganz unverständlich – am Sinn des Themas seiner Arbeit zweifelte. Im Doktorandenkolloquium wurde wieder und wieder von den Teilnehmern hervorgehoben, wie spannend sein Projekt sei, vergeblich. Er kam nicht mehr an die Universität, aber nach einer geraumen Weile rief er mich an, um mir mitzuteilen, dass er stationär in psychiatrischer Behandlung sei. Sehr erschrocken bot ich ihm an, ihn zu besuchen, was ich auch tat. Meine Versuche, ihn wieder „zurückzuholen" aus seiner seelischen Bedrängnis, scheiterten auf dramatische Art und Weise. Er wechselte die Klinik und wurde, wie er mir am Telefon mitteilte, als „geheilt" entlassen. Ich war unglaublich erleichtert, jedoch nur für eine kurze Weile. Denn am nächsten Tag rief mich seine Schwester an, die er nach seiner Entlassung besucht hatte. Ihr Bruder habe sich aus dem Fenster gestürzt! Hatte ich mich genug gekümmert, hätte ich ihn öfter besuchen und mit ihm reden müssen, und bin ich meiner Verantwortung gerecht geworden? Vorwürfe über Vorwürfe. Aber nachdem mir klar wurde, dass man bei einer Depression trotz allen Bemühens manchmal keine Chance hat, fing ich an, mich zu beruhigen. Nähe, Zuspruch und emotionale Beteiligung lassen uns teilhaben am Schicksal unserer Studenten, manchmal auf schmerzhafte Weise.

Natürlich gab es in den 40 Jahren meiner Zeit an der Universität auch ganz „normale" Beratungen in Sprechstunden, das versteht sich ja von selbst. Im Grunde trägt man aber bei allen Anliegen der Studenten, den erwarteten und den überraschenden oder merkwürdigen, eine große Verantwortung; gerade die eben geschilderten Mitteilungen und Fragen belegen ja nur, dass zwischen dem Hochschullehrer, in dem Fall also mir, und dem Studenten ein Vertrauensverhältnis besteht, etwas sehr Kostbares.

Kapitel 9
In den Fängen der „politischen Korrektheit“

„Wortspielereien“

Nach Bekanntwerden der Ergebnisse der Wahl im September 2017 trat Andrea Nahles vor die Mikrofone, um ihre zukünftige Oppositionstätigkeit zu charakterisieren: „Die kriegen eins auf die Fresse“ (so oder so ähnlich äußerte sie sich). Und der Außenminister Siegmar Gabriel ließ, nachdem Martin Schulz seinen Anspruch auf den Posten des Außenministers kundgetan hatte, durch den Mund seiner Tochter verlautbaren (wieder so oder so ähnlich): „Papa, sei froh, dass Du den Mann mit den Haaren im Gesicht nicht mehr sehen musst.“ Beides fand ich politisch inkorrekt. Aber offenbar viel schlimmer sind die nun folgenden „Wortspielereien.“

Früher konnte man an den wunderbaren Frankfurter Büdchen Negerküsse einzeln kaufen und musste nicht – wie heute – eine ganze Packung mit zehn Stück erstehen. Und da die meisten – so auch ich – nicht widerstehen konnten, aßen sie häufig mehr als zwei davon, worauf es ihnen – so auch mir – regelmäßig übel wurde. Das aber ist jetzt nicht so wichtig. Zwar kauft man immer noch diese schwarzen Schnuckelchen, aber sie heißen seit einiger Zeit Schokoküsse, denn der Ausdruck „Neger“ wurde irgendwann verbannt, weil politisch unangemessen. Als die Diskussion um dieses ach so wesentliche Thema damals aufkam und sich noch kein neuer korrekter Ausdruck gefunden hatte, ging ich zu meinem Büdchen des Vertrauens (die „Dinger“ waren stets frisch) und bestellte „zwei afro-amerikanische Schaumspeisen“, sensationell politisch korrekt! „Das führen wir nicht, was soll das denn sein?“ „Halt ein politisch korrekter Negerkuss“, war meine Antwort. Es folgten Lachen, Prusten, und „Das ist Klasse“, vor allem von den häufig an den Büdchen sich versammelnden Männern mit Bierchen, meist die allgemeine weltpolitische Lage erörternd, aber immer sehr höflich. Die Hysterie mit den Wörtern trieb nicht nur damals Blüten. So wurde das „Zigeunerschnitzel" von Speisekarten verbannt, nicht aber das „Jägerschnitzel". Jäger könnten sich auch diskriminiert fühlen, zumal sie eine Tätigkeit ausüben, die von vielen Leuten nicht geschätzt wird, sie „ermorden Tiere", oft „ohne Grund" und allzu häufig „aus Lust am Töten". Soweit ich weiß, haben sie sich bislang nicht beschwert. Es ist halt so eine Sache mit Wörtern und dem, worauf sie sich beziehen. Interessant mag hier das Schicksal der Wörter sein, die hörgeschädigte Menschen bezeichnen: taubstumm – taub – gehörlos – hörgeschädigt – taub. Mit „taubstumm" bezeichnet man Menschen, die nicht hören und sprechen, trifft also auf gehörlose Personen nicht zu, alle können irgendwie sprechen, aufgrund des schrecklichen Schuldrills, den sie erleiden mussten und zum Teil noch erleiden. „Taub" wurde lange Zeit als diskriminierend empfunden, weil es irgendwie mit „doof" verknüpft wurde (eine taube Nuss). Die Niederländer scheint das nicht zu irritieren, denn dort nennt man gehörlose Personen die „doven". Dann verwendete man „gehörlos" oder allgemeiner „hörgeschädigt". Seit einiger Zeit jedoch soll „taub" benutzt werden (!). Betroffene Personen nach dem Grund gefragt, wird auf die deutsche Sprache verwiesen, schließlich hieße es ja auch nicht „sehlos", sondern „blind", folglich ist „taub" nicht mehr politisch inkorrekt. Wow. Dass sich so witzige Mehrdeutigkeiten ergeben, wenn von der „Taubengemeinschaft" gesprochen wird, ist dabei unerheblich, denn die Gebärde für „taub" sieht ganz anders aus als die Gebärde für „Taube". Eine ganz schwierige Situation, weil mit dem Deutschen für „taub" (wegen „blind") argumentiert wird. Hier ist aber „Taubengemeinschaft" als Teekesselchen nicht von Belang, weil eben die Gebärden anders aussehen.

Studenten, Studierende, Studierendinnen

Jetzt kommt es aber dicke: der lange, holprige, jedoch misslungene Weg vom „Studenten", „dem Studenten" und „der Studentin" bis hin zu „den Studierenden". Die Veränderung von nur „der Student“ zu „der Student, die Studentin“ führte zu einer massiven Aufblähung, z. B. von akademischen Prüfungsordnungen, mit denen ich während meiner universitären Tätigkeit allzu oft befasst war. Da entstand plötzlich dies: „der Student, die Studentin, kann seine, ihre Meldung zu seiner, ihrer Magisterprüfung dann vornehmen, wenn er, sie, alle Scheine, die für sein, ihr erfolgreiches Studium gefordert werden, dem Prüfungsamt vorlegen. Ein Thema für seine, ihre Magisterhausarbeit bespricht er, sie mit seinem, ihrem Hochschullehrer, seiner, ihrer Hochschullehrerin.“ Schon der Begründer der modernen Sprachwissenschaft, Ferdinand de Saussure, hat gezeigt, dass eine Sprache zwei Gliederungsebenen hat, eine syntagmatische und eine paradigmatische. Um einen Satz zu konstruieren, wählen Sprecher aus dem Paradigma (dem Lexikon) jeweils einen (!) passenden Ausdruck aus und verknüpfen alle ausgewählten passenden Ausdrücke regelkonform zu einem syntaktischen Gebilde (darauf hat 1979 Hartwig Kalverkämper überzeugend aufmerksam gemacht). Dieses Gliederungssystem sieht nicht vor, dass wir zwei Ausdrücke pro syntaktischer Position auswählen. Wir würden doch auch nicht sagen: „Der Fahrstuhl, Lift, Aufzug ist kaputt.“ Na ja, Argumente dieser Art haben die Feministinnen nicht überzeugt. Sie führten nämlich ins Feld, dass auch die Form „Studentin“ diskriminierend sei, weil mit dem Hinzufügen von „-in“ Frauen nur Anhängsel der Männer seien. Es war wirklich so, auch wenn man es nicht glauben kann.

Kurzzeitig kursierte der Vorschlag, diese entsetzliche Diskriminierung zu überwinden, indem statt „Student“ und „Studentin“ „das Student“ benutzt werden soll. Auch hier erübrigt sich ein Kommentar. Dann erschien plötzlich die Lösung: Man nehme das Wort „Studierende“, alle waren zufrieden, außer mir (und sicher noch einigen anderen).

Was bedeutet eigentlich „studierend“? Jemand, der gerade „am Studieren ist“ (um es mit Jürgen von Manger zu formulieren), also gerade ein Buch liest oder sich auf ein Referat (natürlich als Power-Point-Präsentation, das versteht sich ja von selbst) vorbereitet. Gemeint soll jedoch der Status dieser Personen sein, aber das klappt nicht. Nach Allert (2017) werden die Studenten mit dem „semantischen Firlefanz wie ‚Studierende' um die Würde ihres Status gebracht" (S. 19), wie recht er hat. Und nun stelle man sich vor, was mit „Studierendensekretariat" bezeichnet wird. Eigentlich handelt es sich um jene Stelle, an der die Studenten diverse Auskünfte von einem nicht-studierenden Personal erhalten können, und nicht einen Raum, in dem mehrere Studenten ihre Studien durchführen, jedenfalls ist mir so ein Büro an der Universität nicht untergekommen. Auch die mit „im Bus saßen viele Studierende" verbundene Vorstellung von Personen, die gerade ein Referat vorbereiten, ist niedlich. Und noch irritierender ist die Vorstellung von zwei im Bus sitzenden Lehrenden und einigen Studierenden. Zunächst müssen die Studierenden aufgeteilt werden: Gruppe eins nach hinten, Gruppe zwei nach vorne. Und dann kann der Unterricht beginnen. In der Mitte des Busses befinden sich die Normalos, sorry, Normalos und Normalas, von denen einige dem vorderen und die anderen dem hinteren Unterricht folgen oder alles auf ihr Smartphone speichern. Die Wissenschaft soll sich ja der Gesellschaft öffnen! Dabei kann man aber auch wieder in die Gender-Falle tappen, wenn ein Lehrender politisch korrekt auffordert mit: ein Studierender, eine Studierende noch auf die rechte Seite.

Ein Facebook-Freund schrieb mir zum Thema „Studierende", er lese das Wort als „Studier-Ende", und außerdem sei er ziemlich froh, dass er zu Zeiten seiner Studienzeit Student gewesen sei. Das geht mir ebenso. Ich konnte mich in einem Konzert von den Rolling Stones zwischen all die anderen Besucher (Besuchenden) quetschen und musste dabei, weil ja noch Student, keine Hausarbeit vorbereiten, mit den Karteikarten, auf denen wichtige Stichwörter standen (die Älteren werden sich daran erinnern). Wie entspannend.

In einem Urteil des BGH (!) vom März 2018 wird die Klage einer Frau – sie fühlte sich von „Kunde" in Bankformularen diskriminiert, in denen nur die männliche Form verwendet wird, zurückgewiesen. Das Argument des BGH weist auf eine linguistische Analyse der Strukturierung menschlicher Sprachen hin: Es gibt Paare, von denen eines der allgemeinere und das andere der spezifische ist. Wenn z. B. jemand sagt, er habe einen Arzttermin, dann kann der aufgesuchte Arzt eine Frau sein. Sollten die ewig an der Sprache herumquengelnden Frauen nicht eigentlich stolz sein, dass sie so etwas Besonderes sind? Im Grunde ist dieses Nörgeln nur lächerlich.

Die politische Korrektheit treibt viele Blüten: Bemüht, alles politisch richtig zu machen, hört man häufiger „Liebe Zuschauer und Zuschauer“ von Fernsehmoderatoren oder „Liebe Bürger und Bürger“ bei Reden von politisch verantwortlichen (!) Rednern. Und nun zum Abschluss der politisch korrekte Versprecher, den ich vor Kurzem gehört und natürlich notiert habe: „Ihre Stellvertreterung“ (entstanden aus einer Kombination von „Stellvertreterin“ und „Stellvertretung“ – glücklicherweise haben beide Wörter das feminine Genus). Oh je, darf man denn das Wort „Feministinnen“ überhaupt verwenden. Sind Sie nicht auch ein Anhängsel von „Feminist“? Das geht natürlich gar nicht, ich aber habe die Lösung: „die Feminisierenden“.

Ich dachte, alles sei nun genügend ins Lächerliche gezogen, aber ich wurde vor Kurzem eines Besseren belehrt, als mir nämlich dieses Foto von einem Whistle-Blower zugespielt wurde:

Hinter dieser Tür ist Eine Toilette nur für Dozenten und Dozentinnen Schüler, Schülerinnen Studierende und Studierendinnen BITTE die Toilette nebenan oder im Haus E/EG oder 1. OG benutzen. Danke

Da ich manchmal bei Facebook zu Hause bin, sollten meine Follower das Bild auch sehen. Die Reaktionen darauf waren ausnehmend witzig (übrigens hauptsächlich von Frauen):

- „Heißt das nicht Studierendinneren, damit auch Transen wissen, ob sie mitgemeint werden?"
- „Femphasie (nicht Aphasie), wahrscheinlich auch im MRT nachweisbar." (Aphasie: neurologisch bedingte Sprachstörung; MRT: Magnet-Resonanz-Tomographie, die bekannte Röhre). Und mein Kommentar: ein neues Forschungsgebiet, den Feministinnen, pardon, den Feminisierenden sei Dank.
- „Und Leutinnen!" Ein Kommentar von „Deiner Exstudierendin"
- „Man könnte das fortführen: Manninnen, Frauinnen." Und mein Kommentar: Bis in die absurde Unendlichkeit, ein „Frautel" statt „Mantel", „sieoberinnen" statt „erobern".

Ich muss dringend der Hochschule Bescheid geben, dass der Aushang verbessert werden muss:

- „Dozierende und Dozierendinnen" (wenn schon, dennschon).

Leider passen die „Schüler" und „Schülerinnen" nicht in das „Gender-Sprachsystem", das Genderische. „Schulbesuchende" und „Schulbesuchendinne" geht wohl nicht, aber wer weiß?

Es bleiben noch ganz schön viele Aufräumarbeiten, bis das Deutsche von der feminisierenden Sprachpolizei so bereinigt ist, dass ein passendes Genderisch entsteht. Ich habe mich oft gefragt, warum meine Geschlechtsgenossinnen nie darauf bestehen, dass in den Berichten über Greueltaten nicht nur Mörder, sondern auch Mörderinnen erwähnt werden (falls noch unklar ist, wer die Tat begangen hat). Jetzt endlich wird es mir klar. Das Genderische ist ja noch im Entstehen. Wenn sich „Mordendere" und „Mordenderinnen" durchgesetzt hat, dann kommen wir Frauen endlich auch in solchen Nachrichten vor. Auch hier fallen wieder „Attentäter" und „Attentäterinnen" aus dem System. Und hier der treffende Facebook-Kommentar: „High live Gendermany"!

Nebenbei bemerkt: Es haben einige Facebook-Followers sich über die Zwei-Klassen-Bedürfnisanstalten mokiert; und ganz lustig ist dieser „Hinweis" eines Followers, der dem Aushang unbedingt noch hinzugefügt werden sollte: „Unbefugtes Benutzen führt zur Exmatrikulation". Doch kommen wir wieder zurück zu den schwerwiegenden Problemen.

In einem Facebook-Kommentar machte mich ein sehr geschätzter Kollege aus Kassel auf einen neuen linguistischen Beitrag aufmerksam. Darin wird vermutet, dass sich in dem Ausdruck „Studierende" heimlich still und leise („undercover") das Maskulinum durchgesetzt habe und dass möglicherweise deswegen „Studierendinnen" benutzt würde – muss bei uns Normalos/Normalas ausnehmend leise, ja ganz still, gewesen sein, wie die oben zitierten Kommentare belegen.

Ach, wie wünschenswert wäre eine Sprache wie das Englische als meine Mutter- , oh sorry, meine Heimatsprache: teacher, students, professors, murderers – geht doch!

Ich hätte mir nie erträumt, dass die Scherze, mit denen wir uns zu Beginn der sogenannten feministischen Sprachkritik (in den 1970er Jahren) über diese Kritik lustig gemacht hatten, nun wieder aktuell sind (und wir dabei denken: Gibt es keine anderen Probleme, Missbrauch, Zwangs- und Kinderehe, Ehrenmorde?).

Zu guter (?) Letzt hier noch ein Tipp im Zusammenhang mit dem neuerlichen Vorschlag, die Nationalhymne Genderneutral zu verändern, also „Einigkeit und Recht und Freiheit für das deutsche Heimatland (statt ‚Vaterland'), … couragiert (‚brüderlich') mit Herz und Hand …" Ich mag mir gar nicht vorstellen, wie unsere sonst schon nicht immer sehr textsicheren Fußballspieler damit umgehen. Jetzt muss aber eine Lanze für die Männer (die gibt es ja auch noch) gebrochen werden: Statt „Muttersprache" müsste es jetzt „Heimatsprache" heißen, oder wie? Und was passiert mit der Europa-Hymne von Beethoven: „Alle Menschen werden Brüder"? „Couragierte" (?), dann passt die Musik nicht mehr dazu; ebenso wie bei „Alle Menschen werden Freunde", na das geht ja sowieso nicht. Verzweiflung macht sich breit. Feminisierende Musizierende an die Macht!

Und ganz kürzlich hat mich die Aufforderung einer wirklich couragierten Frau, Carola Rackete, beglückt: Sie will nicht als „Kapitänin" ihres Schiffes „Sea-Watch 3" angeredet werden, sondern als Kapitän! (FAZ, 31.10.2019, S. 9)

Kapitel 10
Cervelat – Das Schicksal von Publikationen

„Früher war nicht alles besser, aber es war gut“

Der sprachgewaltige Kabarettist Jochen Malmsheimer erläutert diese seine Behauptung mit dem beklagenswerten Schicksal von belegten Broten („Das Wurstbrot“, Youtube 9.4.2013). In seiner Jugend nämlich gab es in Bochum, und wohl auch im gesamten Ruhrgebiet, das großartig schmeckende Cervelatbrot, das eigentlich nur „Cervelat“ hieß. Ein Brot mit knackiger Kruste, „guter Butter“ und einer Scheibe Cervelatwurst – köstlich. Dann aber veränderte sich allmählich, seiner Ansicht nach hinterhältig, die Beleg-„Philosophie“. Der Begriff „Philosophie“ erleidet in der heutigen Zeit ebenfalls ein trauriges Schicksal, von komplexen, Welt und Geist erschließenden Reflexionen hin zum Aufstellen von Fußballspielern gemäß der „Philosophie“ des Vereins und des Trainers! Aber dies sei nur am Rande bemerkt. Also das Cervelat wurde malträtiert mit häufig lappigen Salatblättern und einer schmierigen, grundsätzlich zumindest die Finger beschmierenden, triefenden Mayonnaise. Ich will nicht allzu garstig mit meinem Vergleich mit der sich seit meinem Anfang in der linguistischen Szene veränderten „Philosophie“ der Publikationsverfahren sein. Doch ein wenig davon passt schon. Publizieren war zwar früher auch nicht besser, aber es war gut. Mein erster größerer Versuch war das Buch über Psycholinguistik im Jahre 1972, das ich zusammen mit Max Miller und Frank Müller verfasste. Damals gab es nämlich noch keine externen Gutachter, nur interne, also uns drei. Jeder von uns schrieb einen Teil, und wir diskutierten das dann gemeinsam. Mein schärfster Kritiker war Max Miller, seine konstruktiven Einwände trafen passgenau die Schwächen und waren einfach blitzgescheit. Zu jener Zeit gingen offenbar die Verlage davon aus, dass die von ihnen beauftragten Autoren in ihrem Fachgebiet kompetent sind. Es war die Zeit von Cervelat. Doch nach und nach schlichen sich von uns allen mitgetragene Veränderungen der Publikations„philosophie“ ein. Selten wurde man noch gebeten, eine Arbeit, also ein „Paper“, etwa bei einer einschlägigen Zeitschrift zu veröffentlichen. Man reichte einen Text ein und wartete gespannt darauf, was die externen Gutachter zu bemängeln haben. Ich bin mir ziemlich sicher, dass auch einige meiner Kollegen eine ähnliche Erfahrung wie ich gemacht haben. Mindestens zweimal erhielt ich Gutachten mit komplementärem Inhalt – der eine wollte mehr Salatblätter und weniger Mayonnaise, der andere weniger Salatblätter und mehr Mayonnaise, sprich, für mich war es unmöglich, meinen Text nach Maßgabe der Begutachtung zu verändern. So blieben diese Texte in der Schublade oder fanden ihren Weg ins Netz (z. B. Sascha Dümig u. a., 2016), wie erstaunlich, diese Rückkehr des Cervelats.

Kapitel 11
Interdisziplinär – International

Interdisziplinäres

Interdisziplinäre „Vernetzung“ gab es schon vor den Exzellenzansprüchen, auch und gerade in der Lehre. Nur waren wir in gewisser Weise bescheidener in unserem Tun. Literaturwissenschaftliche Kollegen und ich hielten des Öfteren wissenschaftstheoretische Seminare, in denen wir die unterschiedlichen methodologischen Herangehensweisen von Literaturwissenschaft und Linguistik debattierten. Als ein Teilnehmer zitierte „Die Sprache spricht mich“ – der Zusammenhang ist mir nicht mehr klar, das Zitat stammt, glaube ich, von Jacques Derrida – war ich dermaßen baff, dass ich den Satz kommentierte mit „Dieser Satz referiert auf die leere Menge“. Empörung über diese Bemerkung machte sich spürbar breit, zurückgenommen habe ich sie jedoch nicht.

Übrigens gab es auch immer einen Aufschrei, wenn ich im Kontext von Versprechern Sigmund Freuds (1904) „Analyse“ von sprachlichen Fehlleistungen meist recht abschätzig, aber mit Rekurs auf Karl Popper (1935) und Adolf Grünbaum (1988) kritisiert habe. Bis heute ist mir schleierhaft, wieso sich Freuds Vorstellung, Versprecher enthüllten etwas Verborgenes oder Unterdrücktes, hartnäckig hält. Natürlich „enthüllen“ Versprecher etwas, sie ermöglichen uns einen Blick in das ansonsten verborgene Sprachplanungssystem. Offenbar ist und bleibt Freud „unantastbar“, vielleicht, weil Menschen gerne Voyeure sind, ich weiß es nicht.

Auch interessierten sich gelegentlich unsere Philosophen für die Linguistik, sogar als Referenten für eine philosophische Tagung im Jahre 1996 „Descartes im Diskurs der Neuzeit“ anlässlich des 400. Geburtstags von René Descartes. Im illustren Kreis hielt ich einen Vortrag, in dem ich natürlich (!) die kognitive Herangehensweise der generativen Grammatik erörterte, und zwar in Bezug auf Erwerb von Laut- und

Gebärdensprachen und die bloß auslösende Funktion der Inputdaten (Leuninger, 2000a). Diese Funktion der Daten ist ja eines der wichtigsten Argumente gegen eine empiristische Theorie und für eine rationalistische Sprachtheorie im Sinne Descartes. Dazu präsentierte ich viele einschlägige Belege, die auf Folien zu sehen waren. Ich glaube mich zu erinnern, dass ich als einzige Folien verwendete und, wie damals in der Linguistik üblich, kein ausformuliertes Referat. Dadurch fehlten natürlich die brillanten Formulierungen, wie wir sie von Philosophen kennen, aber der Charme der Daten machte das wieder wett. Gut, dass wir Linguisten die haben.

Internationales

Unabhängig vom universitären Lehrbetrieb bot ein vom Fachbereich Neuere Philologien beauftragtes Team viele Jahre lang immer im August die internationalen Frankfurter Sommerkurse an, deren Leitung ich viele Jahre innehatte. Teilnehmer aus aller Herren Länder (von Mauritius bis Amerika) erhielten einen Monat lang vormittags Deutschunterricht. Zusätzlich gab es ein reiches Angebot von Nachmittagsveranstaltungen, Seminare zu Literatur und Linguistik, Exkursionen, Besuche beim Hessischen Rundfunk und vieles andere mehr – ein Juwel, wertvoll die Begegnung unterschiedlicher Kulturen und der Abbau von Vorurteilen. Jedes Jahr nahmen weit über hundert Kursgäste teil, viele Stipendiaten des Deutschen Akademischen Austauschdienstes, und manche kamen sogar mehrmals. Das Deutschstudium war alsbald modular aufgebaut, Produktion und Perzeption von Laut- und Schriftsprache wurden je nach in einem Einstufungstest festgestellten Anfangskenntnissen gesondert unterrichtet. Denn aus dem Fremdsprachenerwerb kennt man ja die Asymmetrie von Produktion und Perzeption. Doch plötzlich, für uns unerwartet, beschloss die Universitätsleitung das Ende dieser Kurse ab 2019. Internationalität hatte sich die Universität neben Exzellenz auf ihre Fahnen geschrieben, befand aber offensichtlich, dass sie nun in Eigenverantwortung und zu ihrem Ruhm „international courses“ auf „repräsentativerem“ Niveau anbieten will.

Ich erwähne dies, weil es meines Erachtens symptomatisch für die neuere Ausrichtung von Universitäten ist, verbunden mit einer eher geringen Wertschätzung solcher Initiativen, sogar für Angebote, die eine lange Tradition (die Sommerkurse gab es schon vor dem Krieg, 1928 begannen sie) hatten, perfekt organisiert und überaus erfolgreich waren, und – für die Leitung eigentlich essenziell – sich finanziell selbst trugen. Die Entscheidung der Universitätsspitze war für alle, die Organisatoren, Dozenten und potenziellen Kursgäste bitter und schmerzlich. Nun überlasse ich die Einschätzung der folgenden abschließenden Episode besser anderen. Die Sommerkurse starteten immer mit einer Eröffnungsveranstaltung, zu der u. a. auch ein Vertreter der Universitätsspitze um ein Grußwort gebeten wurde, so auch 2018. Ich wurde aufgefordert, dazu eine Rede auszuarbeiten, Rand so und so breit, Umfang so und so lang … Ich muss gestehen: Es war wirklich eine gelungene Rede, die nahezu unverändert übernommen und vorgelesen wurde. Ach, wenn ich doch damals schon geahnt hätte, dass das Ende unserer Sommerkurse schon beschlossen war, dann hätte ich mir sicher nicht solche Mühe gegeben, ja, ich hätte gar keine Rede geschrieben!

Kapitel 12
Alles auf Anfang

Versprecher als Einstieg

Doch nun zum Wesentlichen, irgendwie dem Herzstück all meinen Bemühens, der für alle Studenten, auch die Lehramtsstudenten, damals obligatorischen Einführung in die Linguistik.

Wie schafft man ein Interesse für die Linguistik? Didaktische Tricks haben wir Dozenten ja meist nicht gelernt, mit Routine und Erfahrungen aus selbst vermasselten Unterrichtseinheiten habe ich es jedoch meistens hinbekommen. Ein guter Anfang, so habe ich es erfahren, ist die Analyse von Versprechern.

Meine Sammlerleidenschaft begann ziemlich überraschend. Über Jahre hinweg bot ich die üblichen Lehrveranstaltungen an, mit Referaten, die ich einige Male selbst halten musste. Immerhin erhielt ich manchmal vorher, oft kurz vor Seminarbeginn, die telefonische Absage des geplanten Referenten, gelegentlich fehlte der Referent in der entsprechenden Sitzung. Es zeigte sich aber, dass solche misslichen Begebenheiten eine unerwartet positive Wendung nehmen können. So auch hier: Es ereignete sich in einem Seminar zu Aphasie, in dem ein Referat vorgesehen war, das eine amerikanische Studie zu bestimmten Ausfällen bei der Broca-Aphasie zum Gegenstand hatte – nämlich Ausfälle der Flexionsmorphologie. Kein Referent weit und breit, also stellte ich die Studie selbst dar, irritiert, dass es ab und an zu Lachanfällen bei den Teilnehmern kam. Wie recht häufig, so zweifelte ich auch dieses Mal an meinen didaktischen Fähigkeiten, überlegte kurzzeitig, ob ich einen anderen Beruf wählen sollte, aber ich hielt die ganze Sitzung durch. Nach deren Beendigung wurde ich von einem Studenten über das Lachen aufgeklärt. Und zwar ist mir Folgendes mehrere Male entschlüpft: In besagter Studie wurde nämlich herausgefunden, dass Broca-Aphasiker (Patienten mit beeinträchtigter Grammatik) den sächsischen

Genitiv nicht verarbeiten können, also z. B. das „s" in „John's house" nicht realisierten. So weit, so gut? Nein, denn ich habe offenbar durchgängig vom „genischen Sächsitiv" gesprochen. Und weil die Studenten durch ihre permanente Erheiterung die ganze Sitzung über hellwach waren, entschied ich mich, Versprecher zu sammeln und als linguistisch aufschlussreiche Datenklasse in die Lehre einzubinden, und das hat recht gut geklappt (vgl. Bierwisch, 1970).

Erst viel später fiel mir das Buch von Rudolf Meringer/ Carl Mayer (1895) in die Hände: „Versprechen und Verlesen" mit dem Untertitel „Eine psychologisch-linguistische Studie"; Meringer ist also der Begründer der psycholinguistischen Versprecherforschung; seine Klassifikation von Versprechern ist im Großen und Ganzen noch heute gültig. Es brauchte also noch fast 100 Jahre, ehe die Versprecherlinguistik in Deutschland ankam (vgl. Jeanette Hofferberth, 2020; und für eine alternative Konzeption vgl. Ulrich Schade, 1999; das Frankfurter Versprechercorpus findet sich in saschaduemigpsycholinguistik.jimdofree.com und ständig ergänzte Versprecher mit Analysen in helen-leuninger.jimdofree.com; Leuninger/Lorenzen, 2020)

Durch die gemeinsame Betrachtung solcher natürlicher Daten konnten die Studenten einen ersten Einblick in die Reichhaltigkeit des Deutschen erhalten und der Weg zur tiefer gehenden linguistischen Analyse oder, wie Richard Wiese (1987) es so treffend formuliert hat: „Versprecher als Fenster zur Sprachstruktur" wurde geebnet.

Und dies habe ich in der ersten Sitzung mit den Studenten erarbeitet.

Dass es Phoneme, phonologische Merkmale und Silben als systematische sprachliche Einheiten gibt, zeigte sich z. B. an folgenden Versprechern:

- Lass doch mal die Lespe wutschen ← Wespe lutschen (Konsonanten)
- Schaupelgrauer ← Graupelschauer (nicht nur Konsonanten, sondern auch der Unterschied zwischen Graphemen und Phonemen – geschrieben „sch", gesprochen [ʃ])

- Ich habe ihm mein Lad gekleigt ← Leid geklagt (Diphtonge)
- Es beginnt mit der Schöpfung und endet mit dem jüngsten Gerücht ← Gericht (Vokal)
- Belamtenbeleidigung ← Beamtenbeleidigung (der feste Einsatz)
- Ein der Lauchsprache vergleichbares System ← Lautsprache (phonologische Anpassung, von [ç] zu [x], komplementäre Distribution)
- geschlossene Lüste ← Liste (das Merkmal [+labial])
- mein Geist war willig, doch mein Fleisch war flach ← schwach (Silbenposition)

Dass Wörter aus freien und gebundenen Morphemen bestehen (können), illustrieren diese Fehlleistungen, in denen freie Morpheme vertauscht werden, die gebundenen hingegen an ihrem Platz bleiben:

- Ein kollegischer Malaye ← ein malayischer Kollege
- das gemeinste Kleinsame ← kleinste Gemeinsame

Und mit dem unter großem Johlen zitierten Versprecher

- Männer können immer noch trinken, wenn sie was gefahren haben ← fahren, wenn sie was getrunken haben

ließ sich ein erster Hinweis auf die Unterscheidung von regulären und irregulären Verben geben, wie auch der folgende Disput zwischen Vater und Sohn belegt:

> Ein Vater fährt mit seinem Sohn zum Einkaufen, hält an einer Bäckerei und ermahnt seinen Sohn, kurz im Auto auf ihn zu warten. Aber das Söhnchen ist viel zu interessiert, um sich alleine im Auto zu langweilen, und betritt die Bäckerei:
> Sohn: Guck mal, ich bin hergelauft.

> Vater: Nein, das ist nicht richtig. Du musst sagen: „hergelaufen“.
> Sohn: Hast Du auch Brot gekaufen?
> Vater: Nein, es heißt „gekauft“.
> Sohn (empört): Papa, ich glaube, Du weißt selber nicht, wie es richtig heißt.

Und wie wichtig für Kinder die formale Struktur von Wörtern ist, illustriert diese kleine, wahre Geschichte aus dem Deutschunterricht:

> Eine Grundschullehrerin berichtete dazu Folgendes. Es sollen Steigerungsformen geübt werden mit „-er“ und „am -sten“. Dazu schlägt ein Kind ein Adjektiv vor, das von einem zweiten in den Komparativ und einem dritten in den Superlativ verwandelt werden soll. Alles läuft zunächst normal, bis Kevin „lesbisch“ zur Steigerung preisgibt. Die Lehrerin, irritiert, fragt Kevin: „Weißt Du, was das Wort bedeutet? „Logisch“, so Kevin, „eine Frau liebt die andere.“ Chantale nun bildet den Komparativ „lästiger“ und Viktor stolz den Superlativ „am lässigsten“. Das ist doch gut gelaufen.

Und syntaktische Strukturen zeigen sich in diesen Fehlleistungen:

- In Amerika überschlagen sich die Nachrichtenblätter ← überschlagen sich die Nachrichten/sind die Nachrichtenblätter voll von
- Das hilft bei meinem Hund auch Wunder ← das hilft meinem Hund/das wirkt bei meinem Hund auch Wunder

Gerade dieser Versprecher

- Mach Dir einen Knoten in Dein Ohr ← Mach Dir einen Knoten in Dein Taschentuch/schreib Dir das hinter die Ohren zeigt deutlich, dass sich die ansonsten oft ungeliebte Grammatik selbst bei Fehlleistungen, also echtzeitlich, durchsetzt, was man am Kasus und Numerus sieht.

Als Grundlage der Einführung galt zunächst das in Kap. 13 erwähnte Buch „Kognitive Linguistik for Beginners", das dann als Buch veröffentlicht wurde (Jörg Keller/Helen Leuninger, 1993) wurde. Gelernt wurde – hoffentlich – alles Wichtige zu Phonologie, Morphologie, Lexikon und Syntax. Vieles ließ sich relativ leicht vermitteln, Probleme ergaben sich allerdings in der Syntax. So musste ich im Zusammenhang mit der Kasuszuweisung erst mal erklären, was ein Kasus ist und welche Kasus es im Deutschen gibt. Was ist eigentlich in der Schule unterrichtet worden? In der syntaktischen Theorie, die ich benutzt habe, wird Kasus unter Rektion zugewiesen. Einige hatten den Ausdruck schon mal im Lateinunterricht gehört, seine Bedeutung war jedoch im Orkus verschwunden. Die in unserem Buch verwendete Definition von Rektion hat viele Teilnehmer sehr bedrückt, ja, in den Wahnsinn getrieben („so was Formales, kapier ich nie"). In Vorausahnung dieser Verzweiflung streuten Keller und ich eine Prise Humor ein (S. 105). „Wenn Sie gerade in Versuchung kamen, das Buch zu verbrennen, tun Sie es, wir verkaufen Ihnen morgen gerne ein neues." Mit viel Geduld und Tapferkeit angesichts des Feindes Syntax, Gemurmel, Protest und Unmut seitens der Teilnehmer, habe ich es doch hinbekommen, auch die allerformalsten und dem common sense nicht leicht zugänglichen Strukturen und Regeln zu erklären. Geduld zu beweisen, ist sowieso eine der wichtigsten Anforderungen an uns Dozenten.

Let's move

Als besonders hilfreich erwies sich auch ein klitzekleines Theaterstück, mit dem ich die Spurentheorie plausibel machen wollte. Diese Theorie braucht der Syntaktiker ganz dringend, wenn er die vielfältigen Wortordnungen des Deutschen zeigen will. Starten wollte ich nicht mit beispielsweise:

> „Die Subjekt-NP bewegt sich in die Spezifikator-CP-Position und hinterlässt an der Ausgangsposition eine zwar phonetisch leere, syntaktisch aber relevante mit der bewegten NP koindizierte Spur. Damit ergibt sich eine Kette $<NP_i, t_i>$. Syntaktisch relevant ist die Spur, denn in dieser syntaktischen Konfiguration sind Kasus und thematische Rollen mit der Spur verknüpft und durch die Koindizierung ‚erbt' die bewegte Konstituente diese Informationen."

Schon beim Schreiben wird mir jetzt noch klar, was man den Studenten alles zumuten würde, wenn man sie damit „überfallen" würde. Die Teilnehmer waren ja zu diesem Zeitpunkt der Einführung ohnehin schon ziemlich erschöpft, aber Hauptsatz- und Passivstrukturen und auch Fragesätze mussten behandelt werden. Was tun? Für alle Anwesenden bestimmt völlig unvermittelt bat ich drei Teilnehmer auf das Podium für eine kurze Darbietung. Ein Teilnehmer sollte einen Baum und die anderen beiden jeweils einen Hund darstellen. Nach einigem Zögern wagten sich drei leicht verwirrte, aber mutige Teilnehmer nach vorne. Wir vier drehten uns um, und ich gab die Regieanweisung. Der Baum war immer sehr gut gelungen, meistens wiegten sich die Arme, äh, Äste im Wind (!). Nun musste zunächst ein Student, also ein Hund, am Stamm (den Beinen des Baumdarstellers) des sich wiegenden Baums sein Bein zwecks Markierung heben und weitertraben (auf allen Vieren), also eine Spur hinterlassen. Der zweite Hund schnüffelte am Stamm und folgte dann erfreut dem ersten Hund. „Das ist die Grundidee der Spurentheorie, also der Bewegung in Satzstrukturen." Noam Chomsky (1981) hatte, als er diese Theorie entwickelte, sicher nicht an dieses Bild gedacht; er musste ja auch keine Einführungsveranstaltungen abhalten. Jedenfalls konnte ich, nachdem das kleine Theaterstück mit tosendem Applaus bedacht worden war, loslegen und versuchen, den Sinn von Spuren zu erklären.

Eine kurze Erläuterung mag hier noch hilfreich sein. Betrachten wir z. B. den Satz „Den Hund hat Kevin gefüttert". Obwohl „den Hund" Teil der Satzaussage ist, befindet er sich nicht in seiner angestammten Position – nämlich in der sog. Tiefenstruktur – also im „Prädikat". Den Akkusativ bekommt dieser Ausdruck ja vom Verb „füttern". Dass Sprecher des Deutschen die Bedeutung des Satzes aber genauso verstehen, nämlich Kevin füttert den Hund, muss in der syntaktischen Beschreibung ausgedrückt werden können. Und das leisten Spuren (traces). Eine „abgespeckte" Version sieht dann so aus (ohne den zugegebener Maßen kapriziösen Strukturbaum, des Linguisten liebstes Kind):

[Den Hund]$_1$ hat Kevin [[Spur]$_1$ gefüttert]]$_{\text{Prädikat}}$

Das „Prädikat" enthält also sowohl das Akkusativ-Objekt als auch das Verb (Linguisten nennen es Verbalphrase). Und das Akkusativ-Objekt ist sozusagen an den Satzanfang „gerutscht", also bewegt worden. Mit dieser zunächst einfachen Beschreibung konnten die Studenten auch erfahren, dass die Wortordnung im Deutschen nicht Subjekt-Prädikat-Objekt ist. Leider blieb dieser Wissensinhalt nicht stationär, wie ich gleich noch zeigen werde.

Was ich nicht mehr geschafft habe

Es wurden im Nachgang zu besagter Bindungs- und Rektionstheorie mit den Spuren immer größere Strukturbäume „gepflanzt", mit Bestandteilen, deren syntaktischer Status mir leider oft verborgen blieb und die in etwa die Größe von „Bravo-Starschnitten" hatten. Die Älteren werden sich erinnern!

Dann nahm die generative Grammatik einen erstaunlich neuen Weg mit dem sogenannten Minimalistischen Programm (Chomsky, 1995), das mir im Wesentlichen verborgen blieb. Überzeugend fand ich jedoch, dass syntaktische Kategorien wie Nomen, Verb usw. obsolet geworden sind, eine

Idee, die Chomsky bereits 1982 vorgetragen hatte, die nun aber von vielen Linguisten als brandneu gepriesen wurde. Gemäß dieser Annahme sind syntaktische Kategorien derivativ, das heißt aus der Satzstruktur ableitbar, aber nicht Teil davon. (Hinweis: Die nächsten zwei Sätze kann man übergehen. Ähnlich argumentieren auch Morris Halle/Alec Marantz (1993) in ihrer Theorie der minimalistischen Morphologie, in der zwischen funktionalen Konstituenten und l-Morphemen unterschieden wird. Erst in der c-Kommando-Domäne einer funktionalen Kategorie erhält ein l-Morphem seine Kategorienzugehörigkeit.) Evidenz jenseits von konstruierten Daten findet sich in einer interessanten Art von Versprechern, sogenannten Stranding-Irrtümern (Merril F. Garretts Terminus, 1975; Roland Pfau 2009), wie z. B. die oben genannten und auch diese:

1. Meine Damen und Herren, wir pfeifen nicht nach ihrer Tanze ← Wir tanzen nicht nach ihrer Pfeife.
2. Der musste Kaffee mit milchiger Ranz ← ranziger Milch trinken
3. Du bist ja voll das lamme Fromm ← fromme Lamm
4. Ein verapfelter Gammel ← vergammelter Apfel
5. Sie reizt nicht mit ihren Geizen ← geizt nicht mit ihren Reizen

Zu einem bestimmten Zeitpunkt der Satzplanung, an dem nur das abstrakte phonologische Material vertauscht wird und daher vorübergehend die syntaktische Kategorie nicht relevant ist, ergibt sich die syntaktische Kategorie erst nach dessen Einsetzung in den durch funktionale Konstituenten festgelegten syntaktischen Rahmen, ist also aus der Struktur ablesbar: in (1.) und (5.) sind es Verben und Nomen, in (2.), (3.) und (4.) Adjektive und Nomen. Besonders schön sind solche Stranding-Irrtümer, wenn irreguläre Verben beteiligt sind, wie in

6. Da war der Bruch gebannt ← Bann gebrochen.

Die zeigen die Genialität unseres Satzplanungssystems, denn es werden nicht nur freie Morpheme vertauscht und als neue syntaktische Kategorie ausbuchstabiert, sondern es werden quasi online die korrekten Stämme der irregulären Verben eingesetzt. Es ergibt sich ja nicht

6.a Da war der Bann gebruchen.

Auch wenn möglicherweise sich die Linguistikstudenten die Theorie der minimalistischen Morphologie nur mit Mühen erarbeiteten, ein Bezug zu Versprechern machte ihnen die Grundidee zumindest plausibel.

Noch ein paar Tricks

Vermutlich viele meiner Kollegen hatten wie ich wohl zu Beginn ihrer Lehrtätigkeit kaum eine Vorstellung davon, wie man eine Lehrveranstaltung so gestalten kann, dass sich nicht allzu schnell „komatöse" Zustände bei den Studenten einschleichen. Routine hat dabei natürlich eine Rolle gespielt, aber vielleicht auch Mut und Originalität. Einige „Tricks" habe ich schon erwähnt. Hier nun noch ein paar andere Methoden. Statt Referat durch eine Person legte ich zu Beginn der Veranstaltung fest, dass ein zweiter Student als Moderator fungieren sollte. So konnten die jeweiligen Teilnehmer einmal erfahren, wie man eine Sitzung leitet, wie man herausfindet, ob das gerade Referierte auch verstanden wird. Insbesondere – das war vielleicht etwas hinterhältig – mussten jeweils zwei Texte gelesen werden. Und die Note setzte sich aus Referat und Moderation zusammen. Viele teilten mir danach mit, dass diese Erfahrung als Moderator interessant und hilfreich war. Noch mehr Kreativität zeigte sich in einer zweiten Methode. Ich hatte die Idee, ein Seminar als Tagung mit Posterpräsentationen zu gestalten. Nach und nach füllten sich die Wände des Unterrichtsraums mit all den erarbeiteten und bereits einmal erläuterten Postern. Und es ergab sich eine informationsreiche Abschluss„sitzung". Gesessen wurde aber nicht, sondern die Teilnehmer liefen an den Postern vorbei, blieben stehen und diskutierten mit den Referenten über deren Poster. Das war wirklich sehr lebendig und ersetzte die oft so zähen Abschlusssitzungen, konnte aber nicht fortgeführt werden, als die Universität in den Campus Westend, ein luxuriöses Areal mit denkmalgeschütztem Gebäude umgezogen war, denn etwas an eine Wand anzuheften, war nun verboten – schade.

Methodische „Tricks" lernte man damals wenigstens nicht in Fortbildungen für Hochschullehrer. Sicherlich selten ist etwas, das ich intuitiv in den großen Vorlesungen einsetzte und bereits erwähnt habe, kleine gymnastische Übungen, z. B. zur Kräftigung der Rückenmuskulatur oder zur Hirndurchblutung, auch meiner, immer in der Mitte der Veranstaltung. Manchmal stand ich dabei auf einem Tisch, damit mich die 200 bis300 Studenten besser sehen konnten. Als ich das erste Mal vorschlug, ein bisschen „Sport" zu betreiben, belächelten mich die etwas irritierten Studenten. Doch bald stellte sich heraus, dass diese Abwechslung perfekt wirkte. Sie war beliebt und wurde auch, wenn ich es in meinem Flow des Lehrens mal vergaß, eingefordert. „Sport" riefen einige Teilnehmer, und zur Sicherheit brachte ein Student eine gut lesbare Uhr mit, um zu garantieren, dass ich nicht „über die Zeit" dozierte.

Jeweils eine Woche, bevor die Abschlussklausur für die Linguistik-Einführung zu schreiben war, wurde eine Probeklausur geschrieben und in derselben Sitzung besprochen. Einmal hatte ich die zugegebenermaßen kapriziöse Idee, die Probeklausur als Rateschau zu gestalten, nach dem Muster der damaligen, sehr bekannten Rateschau „Wer wird Millionär?", also mit Fragen und vier Antwortmöglichkeiten, in etwa so:

Wie wird Kasus zugewiesen?
a) Mit Rektion
b) Mit dem Kugelschreiber
c) Mit Bewegung
d) Mit Vergnügen

Das war wirklich ein Riesenspaß, gewinnen konnte man nur den Applaus der anderen Teilnehmer, einen Telefonjoker gab es nicht, aber alle bestanden danach die echte Klausur.

Meinen vielen Studenten danke ich dafür, dass sie erkannt haben: In allem Spaß steckt Ernsthaftigkeit. Wir waren immer eine besondere, verschworene Gemeinschaft.

„Subjekt – Prädikat – Objekt“

Nicht immer gelang es mir jedoch, kritische Situationen souverän zu meistern, zu meiner Beruhigung ging es anderen Kollegen ebenso, wovon ich in Kürze berichten werde. Ende der 1990er Jahre boten meine gehörlose Mitarbeiterin und ich ein Seminar zu Gebärdensprachlinguistik an. Meine hauptsächliche Funktion bestand darin, den von der Mitarbeiterin in Gebärdensprache dargebotenen Unterricht in deutsche Lautsprache und die Fragen der Teilnehmer in Gebärdensprache zu übersetzen. Eigentlich wäre es seitens der Universität selbstverständlich gewesen, einen Gebärdensprachdolmetscher zu finanzieren, aber das geschah nicht – schließlich machte ich den Job ja umsonst – wie überhaupt die Goethe-Universität wiederholt ihr Desinteresse an Gebärdensprache als Forschungs- und Lehrgebiet zum Ausdruck brachte, obwohl es für dieses Thema eine große Nachfrage gab (vgl. auch Kap. 15). Jedenfalls ging es in besagtem Seminar um den grammatischen Kontrast zwischen Deutsch und Deutscher Gebärdensprache. Deutsch ist bekanntermaßen eine Verb-End-Sprache mit Verb-Zweit-Effekt (wie oben bereits erwähnt, in Hauptsätzen). In der Deutschen Gebärdensprache andererseits befindet sich das Verb immer in Endposition, unabhängig davon, ob es sich um Haupt- oder Nebensätze handelt. Die Teilnehmer wurden also in der ersten Sitzung gefragt, welche Wortordnung für das Deutsche gilt. Die Antwort kam ausnahmsweise wie aus der Pistole geschossen: Subjekt – Prädikat – Objekt! Zwar hatte ich in der Einführung in die Linguistik des Öfteren diese Annahme kritisiert: Diese Annahme ist in jeder Hinsicht unzutreffend. Das war aber wohl folgenlos. Ich weiß auch, dass diese Wortordnung im schulischen Deutschunterricht gebetsmühlenartig wiederholt und durch unterschiedlich farbiges Unterstreichen gefestigt wird! Meine Mitarbeiterin, die bilingual ist, also beide Sprachen perfekt beherrscht, entgegnete, dass erstens nicht immer das Subjekt am Anfang steht („Gestern ging Hans ins Kino.") und zweitens das konjugierte Verb in Hauptsätzen in der zweiten Position steht, aber nicht das Prädikat. Irrige Annahme: Das müsste jetzt aber sitzen. Weit gefehlt: Ein paar Sitzungen später kam meine Mitarbeiterin nochmals auf besagte Wortordnung zurück. Sie wollte nämlich zeigen, dass in der Deutschen Gebärdensprache die Reihenfolge Zeit, Ort, Subjekt, Objekt, Verb gilt: „Wie ist noch mal die Wortordnung in deutschen Hauptsätzen?" Da war sie wieder, die vermaledeite Subjekt-Prädikat-Objekt-Wortstellung. Und nun verließ ich meine Dolmetscherrolle; mit ganz leiser Stimme, gefalteten Händen und geschlossenen Augen (das mache ich wohl immer, wenn mir der Kragen platzt), mein zugegebenermaßen giftiger Kommentar: „Jetzt haben wir es endlich geschafft, mit zielstrebigen Schritten haben wir das Niveau einer Sonderschule erreicht." Sofort die Reaktion eines Teilnehmers: „So schlecht sind die Sonderschulen doch gar nicht." Ich bin mir nicht sicher, ob sich dieser Teilnehmer über die Präsupposition seiner Äußerung bewusst war, befürchtete aber gleichzeitig, dass man sich beim Studiendekan unseres Fachbereichs beschweren wird. Zufällig traf ich nach meinem Seminar den Studiendekan im Uni-Café und kündigte ihm eine bevorstehende Beschwerde über meine herablassende Bemerkung an. Völlig gelassen, cool würde man heute sagen, reagierte er darauf mit Folgendem: Er komme gerade aus seiner Veranstaltung zur Sprachdidaktik, vornehmlich von zukünftigen Grundschullehrern besucht; die Beteiligung wäre mal wieder unterirdisch gewesen, was ihn zu dieser Bemerkung hinreißen ließ: „Auch Friseurin ist ein ehrenwerter Beruf." Manchmal ist man als Dozent wirklich verzweifelt.

Vertraute

Ganz selten habe ich die Erfahrung machen dürfen, mich mit Sorgen oder Problemen an meine Kollegen zu wenden. Meine Versuche scheiterten wohl hauptsächlich deshalb, weil die Kollegen mit Emotionen nicht gut umgehen konnten oder wollten, sie vielleicht sogar höchst merkwürdig fanden. Aber ich hatte das große Glück, einen Kollegen zum Freund zu haben, der mir zuhörte, Siegfried Kanngießer von der Universität Osnabrück. Und dann geschah das Unfassbare: Er war viel zu früh gestorben, und ich wieder allein mit meinen Sorgen. Seine Frau trat mit der Bitte an mich heran, eine Rede für die Trauerfeier zu halten. Noch nie hatte ich einen solchen Text geschrieben, war außerordentlich unsicher, ob ich das überhaupt schaffe, doch ich sagte zu – die letzte Ehrerbietung für meinen großartigen Freund.

Meine Rede hatte als „roten Faden" Textpassus aus dem „Hohen Lied der Liebe" des Apostels Paulus und endete mit den Worten: „Deine Stimme ist nun verstummt, aber an ihren Klang werde ich mich immer erinnern." Meine Tränen unsäglicher Trauer konnte ich kaum zurückhalten.

Aber Siegfried Kanngießer hatte nicht nur so ein großes Anteil nehmendes Verständnis, er hatte eine sehr spezielle Art von Humor, von der ich auch in meiner Rede berichtete. Ich saß im Zug nach Osnabrück, wo ich zu einem Vortrag über Silben in der Deutschen Gebärdensprache eingeladen war, und wurde am Bahnhof so empfangen: „Helen, ich schreibe ein Buch über alte Säcke und alte Schachteln, gibst Du mir ein Interview?" Leider ist dieses Buch nie fertig geworden, sodass ich alte Schachtel nur hier davon erzählen kann!

Kapitel 13
Vor und mit den „Credit Points"

„Das Vergleichen ist das Ende vom Glück und der Anfang der Unzufriedenheit"

(Søren Kierkegaard)

Eine eigene Zeitschrift

Vor der Einführung der Bachelor-Studiengänge gab es viele Aktivitäten von Studenten, für die man keine „Credit Points" bekam. „Credit Points" ersetzten die vertrauten Noten, und es gab 15 davon. Damit sollte wohl eine differenzierte Bewertung garantiert werden – ob das stimmte?

Einige meiner Studenten und meine Mitarbeiter empfand ich in den 1980er Jahren als Team, ohne Hierarchie. Und irgendwann hatte ich den Traum, dass wir noch mehr Gemeinsamkeit haben sollten. So entstand die Idee, eine kleine Zeitschrift herauszugeben. Schnell war der Name geboren, „Frankfurter Linguistische Forschungen", und fast genauso zügig die erste Nummer, im Jahre 1986. Zwei Ausgaben sollten pro Jahr erscheinen. Die letzte Ausgabe erschien 1997. Das klappte ganz großartig. Das Team arbeitete unermüdlich, auch an Wochenenden und ohne dafür mit Scheinen (mit „Credit Points" sowieso nicht!) belohnt zu werden. Der Lohn war, dass alle unglaublich stolz waren, auch über die große Menge an Abonnenten, womit wir gar nicht gerechnet hatten, aber auch über ein Grußwort des damaligen Präsidenten Professor Ring in der sechsten Nummer (ob es so etwas heute noch geben würde, wage ich zu bezweifeln). „Aufgehübscht" wurde der Inhalt ab 1988 durch Interviews mit vielen Linguisten aus den unterschiedlichsten Forschungsgebieten und mit sehr witzigen Zeichnungen von Angela Gies, z. B. mit diesem Comic, in dem die Vorstellung karikiert wurde, dass die Sprache der Mutter (als „Motherese" bezeichnet) eine gestaltende Funktion im Spracherwerb habe:

Annette Hohenberger (2002) führt in ihrer Studie eine Vielzahl von kindlichen Äußerungen an, die belegen, dass es nicht die Sprache der Mutter, sondern das eigene System der Kinder ist, mit dem sie sich ihre Muttersprache erschließen. Eines der untersuchten Kinder z. B. nutzt die Struktur von Komposita, um den Weg zur Syntax zu ebnen, eine in das Spracherwerbssystem eingebaute Fähigkeit, unter der Bezeichnung „bootstrapping" bekannt. Bevor er Präpositionen und Nebensätze produzierte, verwendete er ganz außerordentliche Formen, die sicher nicht durch Motherese verursacht sind (243 ff.):

- Rünesoßehand ← Grüne Soße an der Hand
- Du Mainufermann ← Mann am Mainufer
- Mein kleines Magahäschen ← mein Häschen, das ich mag.

Neben den halbjährlich erscheinenden Heften verfassten wir auch sogenannte Sondernummern. Eine davon war unsere Einführung in die Government-Binding-Theorie (Frankfurter Arbeitsgruppe Syntax „Fasy“, 1987). Ich kann mich noch gut an die teilweise hitzigen Diskussionen darüber, wie tiefschürfend unsere Darstellung werden sollte, erinnern, mit Unmengen Kaffee, oft bei mir zu Hause und nur unterbrochen von Spaziergängen mit meiner Hündin Käthe, der auch das Buch gewidmet ist. Bei allem verloren wir unseren zum Teil kindlichen Humor nicht: quasi mitten in den Text wurde z. B. diese Zeichnung eingestellt:

Alsbald entstand in meinem Team der Wunsch, eine Einführung in die Linguistik zu verfassen, mit den üblichen Abschnitten (Phonologie, Morphologie, Syntax und Lexikon); darüber hinaus aber sollten auch Psycho- und Neurolinguistik sowie Gebärdensprache enthalten sein. Inspiriert waren wir dabei von der großartigen Einführung von Victoria Fromkin und Robert Rodman (1983), in der auch lustige Beispiele zur Illustration linguistischer Prozesse verwendet wurden, z. B. für Negation „unbirthday present“ aus „Alice in Wonderland“. Jörg Keller und ich machten uns an das Projekt, unter großartiger Unterstützung durch das „Team“, und so erschien recht geschwind 1991 „Kognitive Linguistik for Beginners“ als Sondernummer 3 der Frankfurter Linguistischen Forschungen.

Um es noch einmal hervorzuheben: Ohne das „Team“ wäre das nur schwerlich möglich gewesen.

Naturgemäß ohne Zeichnungen veröffentlichte 1989 die Arbeitsgruppe Psycholinguistik und Aphasieforschung die Sondernummer 2, die neben methodologischen Überlegungen, vor allem zum kognitiven Ansatz der Modularität der intakten und beeinträchtigten Sprachverarbeitung, Ergebnisse eigener Studien enthielt, die ohne Forschungsgelder an ausgewählten Rehabilitationskliniken durchgeführt wurden.

Die Bachelors

In ihrer gekonnt sarkastischen Art charakterisierte die „Titanic“ 2007 (Nr. 10, S. 25) die neuen Abschlüsse Bachelor und Master so (hier in Auszügen):

> „Bachelor/Bachelorette
> Der ideale Abschluß für Leute, die noch nicht so sicher sind, ob sie studieren wollen. Vor- und Nachteile halten sich die Waage: Bachelors wissen vielleicht nicht immer genauso gut Bescheid wie richtige Akademiker (lustig bei Fächern wie Toxikologie, Medizin oder Reaktorphysik), sind aber wegen der kürzeren Studiendauer jünger und sehen deswegen auch besser aus. … Wegen des höheren Praxisbezugs (psychiatrische Praxis wg. streßbedingter Dauerdepressionen) genießen Bachelors im Berufsleben leichte Vorteile, da sie stets eine bequeme Entschuldigung für die eigene Inkompetenz haben (‚bin ja nur Bachelor‘). …
>
> Master/Mistress
> Die ungekrönten Könige der Uni sind die Masterstudenten. … Masters gehen aus einem mörderischen Ausleseverfahren hervor, wenn nach dem Examen die besten Bachelors eines Jahrgangs in der Arena gegen wilde Tiere und Dämonen antreten.

> Masters studieren länger als Bachelors, genießen aber Vorteile: Sie werden von den Dozenten geduzt, von den Bachelors gesiezt und sind später womöglich berufstätig."

Es versteht sich von selbst, dass vieles in dieser Satire überspitzt ist, aber eben nicht alles (vgl. Helmut Mikelskis, 2018):

In der Frankfurter Allgemeinen Zeitung (10.11.2019, S. 13) findet sich hierzu eine Meldung. Untersuchungen von zwei Krankenkassen für das Jahr 2018 ergaben, dass 17 Prozent der Studenten an depressiven Symptomen leiden, 4 Prozent davon nehmen Antidepressiva, eine Steigerung von 43 Prozent gegenüber 2006. Ein wesentlicher Grund dafür sind die mit dem Bologna-Prozess seit Ende der 1990er Jahre einhergehende Verschulung des Studiums und überbordende Prüfungsbelastungen. Auch zeigte der Vergleich mit Magister- und Diplomstudiengängen eine Zunahme der psychischen Störungen. Hätten wir das damals, als wir brav die neuen Studiengänge einrichteten, nicht voraussagen können?

Untersuchungen von zwei deutschen Krankenkassen ergaben ein dramatisches Bild der psychischen Lage deutscher Studenten:

> „So viele Studierende wie nie zuvor sind psychisch krank. Dabei waren sie bisher eigentlich immer gesünder als andere ihres Alters. Was ist da passiert? – Einer von sechs Studierenden (17% oder 470 000 Personen) leiden an depressiven Symptomen … Vier Prozent nehmen Antidepressiva – ein Plus von 43 Prozent gegenüber 2006." Als Gründe für diese Entwicklung gelten: „die Bologna-Reformen seit Ende der neunziger Jahre …" einhergehend „mit Verschulung, stofflicher Überladung und einer überbordenden Prüfungsbelastung." (Frankfurter Allgemeine Sonntagszeitung, 2019, Nr. 45, S. 13)

Evaluationen

In dieser Zeit schlichen sich sogenannte Evaluationen ein. Studenten waren aufgefordert, die „Güte“ einer Lehrveranstaltung zu bewerten. Was aus diesen Evaluationen folgte und wo sie landeten, ist mir verborgen geblieben. Irgendwie habe ich das Gefühl, dass sie zu nichts führten, aber das steht auf einem anderen Blatt. Vielleicht hat sich das nun geändert, und die Dozenten müssen sich zu ihren Bewertungen vor einem akademischen Gericht äußern. Wenn es schlecht läuft, wird ihnen möglicherweise Gehalt gekürzt oder Ähnliches.

Dagmar Kuchenbecker arbeitet als Coach in der Studienberatung der Goethe-Universität. Ihre eigene Arbeit ist von der an den Unis um sich greifenden Evaluitis bisher verschont geblieben. Aber auch so glaubt die Beraterin, genug Rückmeldung zu bekommen: „Ich merke ja, wie die Leute hier herausgehen … Das beste Feedback …“ (Frankfurter Allgemeine Zeitung 21.7.2019, Nr. 150, S. 32)

Genau und Keine Ahnung

Meiner Erinnerung nach fast „zeitgleich“ (auch so ein modischer Ausdruck) mit den Bachelor-Studiengängen schlichen sich zwei sprachliche Besonderheiten in mündliche Präsentationen der Studenten ein: „genau“ und „keine Ahnung“. Ausgerüstet mit einer großen Wasserflasche und mit „Genau“ wurden die Referate regelmäßig gestartet. „Genau“ war in meinem Lexikon als Bekräftigung einer Aussage gelistet, aber das konnte es ja nicht sein, und ich war regelmäßig über das Anfangsgenau verdattert. Erst sehr viel später, nämlich im Jahre 2017, machte mir Tilman Allert in seinem äußerst empfehlenswerten Buch „Gruß aus der Küche. Soziologie der kleinen Dinge“ diese neue Verwendung von „genau“ plausibel: „Wer [ein Referat, H. L.] beginnt, ist unsicher, und darf es sein. Die rhetorische Figur des ‚Genau‘ … gibt den Blick frei auf die affektive Dimension des Vortrags, die auf dem Weg zum

Akademiker vollkommen legitime Verlegenheit." (S. 18) und später: das „Genau" verschlucke diese Verlegenheit, die man sich nicht anmerken lassen will. „Das ‚Genau', ein Pfeifen im Walde, ein Echo, das man sich Mut machend vorträgt, ist ein Alarmruf nach Bologna." (S. 19)

Eine ähnliche Bedeutungsverschiebung erlebte auch „keine Ahnung", eigentlich zu äußern, wenn man etwas nicht weiß, nach Tilman Allert (2014) eine „gesteigerte Form der Amnesie". Aber nun ziemlich oft eingestreut in studentische Vorträge, und hier leistet mein geschätzter Kollege wieder Aufklärungsarbeit: „Es erscheint als die rhetorische Figur, die im Vertrauen auf den schnellen Fingerwisch in die Welt von Wikipedia das Nichtwissen von jeder Scham befreit und mit einer jugendlich unbekümmerten Leichtigkeit versieht." Verschwunden sind dabei Selbstzweifel markierende Formeln wie „nicht wahr", „quasi" oder „sozusagen", „irgendwie", „ich sag mal". Ich sag mal, irgendwie mochte ich diese quasi Unsicherheit ausdrückenden sozusagenden rhetorischen Hecken-Ausdrücke (Hedging) auch nie!

Manches ging noch

Inspiriert durch eine phonologische Theorie, in der die Komplexität von Silben auf eine neue Art und Weise berechnet wurde, und durch neurolinguistische Studien, in denen nachgewiesen wurde, dass Beeinträchtigungen der formalen Wortverarbeitung durch besagte Theorie vorhergesagt werden können, wendeten sich eine Gruppe von Studenten mit mir und meinen Mitarbeitern der Frage zu, ob auch Versprecher eher zu phonologisch weniger komplexen Silben führen. Echte „Credit Points" gab es dafür nicht, sondern eine „Belohnung" dafür, dass dieser Text publiziert wurde (vgl. Leuninger u. a., 2013).

Und ein letztes gemeinsames Projekt wurde noch realisiert, ein Reader über den Zusammenhang von Linguistik, Sprachtherapie und Medizin (vgl. Forschungsgruppe Neurolinguistik, 2008).

Damit war das Ende meiner akademischen Zeit eingeläutet, wie ich alsbald erfuhr (Kap. 17).

In der Rückschau hatten doch alle Formen der Studienorganisation Vor- und Nachteile. Meiner Erinnerung nach war neben den politischen Wirrnissen in den Lehrveranstaltungen, von denen ich in Kapitel 2 berichtet habe, es ganz selbstverständlich, dass historische und konzeptuelle Bezüge zu den Unterrichtsinhalten gehörten. Für mich war das selbstverständlich, schließlich hatte ich sozusagen als Garant den „großen Meister vom MIT" Noam Chomsky mit seinen Arbeiten „Cartesian Linguistics" (1966) oder „Language and Mind" (1968). Selbst die Präsentation des generativen Kalküls in den „Syntactic Structures" (1957) oder die „Aspects of the Theory of Syntax" (1965) startete immer mit methodologischen Überlegungen, letzteres auch zur Beziehung zwischen Gehirn und Sprache. In Erinnerung ist mir hierzu die Fußnote 1 aus Kapitel 1 in Chomsky (1965, S. 241), die im Grunde die Validität kognitiv-neurolinguistischer Forschungen motivierte: „So ist man geneigt anzunehmen, daß es gerade die mentalistischen Studien sind, die letztlich den größten Wert für die Erforschung neurophysiologischer Mechanismen besitzen, weil nur sie sich um die abstrakte Bestimmung der Eigenschaften bemühen, die solche Mechanismen aufweisen, und um die Funktionen, die sie ausüben müssen."

Aber nach und nach, schon vor, hauptsächlich jedoch in den Bachelor-Studiengängen, verloren diese Fragestellungen für die Studenten an Bedeutung: „Wieso besprechen wir solche alten (!) Texte? Das ist doch überholt." So schlich sich sie sich ein, die Konzentration auf die (aller-)neuesten Studien, beispielsweise zur Psycholinguistik. Ich habe das natürlich angeboten, aber wenn ich mal gefragt habe, wie diese Forschungen in den wissenschaftlichen Kontext eingebettet sind, sind keine Antworten gekommen, aber mein Auftritt. Glücklicherweise fanden sich jedoch ganz schön viele interessierte Studenten in Arbeitsgruppen außerhalb des normalen Lehrbetriebs ein, alle Teilnehmer gleichberechtigt, viele zum Teil hitzige, ungemein lebendige Diskussionen, mit sehr klugen Teilnehmern, von denen ich sehr profitiert habe. Die Fokussierung auf Einzelstudien hat sich in den Bachelorstudiengängen noch verschärft, vor allem durch die überbordenden Klausuranforderungen, in denen nur noch partikulares, und sehr kurzlebiges Wissen abgefragt werden konnte, das dann in der schriftlichen Prüfung „ausgekotzt“ (Verzeihung, Zitat von Studenten) wurde.

Bachelor und Beruf?

Und noch eine letzte Bemerkung zur Gestaltung der Bachelor-Studiengänge (vgl. zum gescheiterten Praxisbezug auch Kap. 15). Die einzelnen Lehrveranstaltungen wurden nun modernistisch Module genannt. Das ist aber nur ein Name gewesen. Warum? Module sind ja normalerweise miteinander „vernetzt“, indem Informationen aus dem einen Modul mit Informationen auf ein anderes Modul, oder besser noch, mehrere, verknüpft sein sollten. Der Aufbau hingegen erfolgte nach dem altbekannten Schema, zuerst die Einführungen und dann die weiterführenden Veranstaltungen. Eine Verknüpfung gab es meines Wissens nach bei unserem Bachelor-Studiengang eigentlich kaum oder gar nicht. Außerdem bildeten die „Module“ nur die Forschungsgebiete der einzelnen Lehrenden ab, die des Öfteren keinen wissenschaftlichen Kontakt mit anderen Lehrenden hatten. Also, eigentlich war alles so wie immer, nur mit hübscheren, weil modernistischen, Bezeichnungen. Ob das erwünscht war? Und ob die versprochene Vergleichbarkeit mit Studiengängen anderer Universitäten auf diese Weise gewährleistet war? Wohl kaum.

Kapitel 14
Hören und Sehen

Traditionelles

Die witzigen Matrizen gab es glücklicher Weise nur eine Weile lang. Danach galt für eine lange Zeit in Vorlesungen das gesprochene Wort, wobei ich mir nicht sicher bin, was davon hängenblieb. Dennoch habe ich viele ausformulierte Skripte erstellt. Und plötzlich tauchten Folien auf, zunächst von modernen Linguisten auf Tagungen, an meiner Universität noch ganz exotische Dinge. Der Overhead-Projektor musste ausgeliehen werden, denn in den Seminarräumen gab es nur Tafeln, gelegentlich ein paar Stummel Kreide (man brachte am besten seine eigene mit) und einen schmuddeligen bakterieninfizierten Wischlappen (hier empfahl es sich, Papiertaschentücher zum Wischen zu benutzen, was ich des Öfteren kommentierte mit „Wischen impossible"). Doch welche technischen Hilfsmittel auch immer am Horizont erschienen, eine Tafel benötigte ich meine ganze Lehrtätigkeit hindurch. Irgendwann schob in die Übungsräume irgendwer bewegliche Tafeln ein, die nicht mehr mit Kreide, sondern mit speziellen Stiften zu beschriften waren. Diese Tafeln waren eigentlich immer zu klein für des Linguisten liebste Strukturbäume, und sie waren gefährlich. Wie oft ich beim Hereingehen in den Raum, aber auch während der Veranstaltung, über den Fuß dieser Tafeln gestolpert bin, weiß ich nicht mehr. Woran ich mich jedoch erinnere, ist meine Kommentierung dieser Peinlichkeit. Ich erzählte den Teilnehmern nämlich etwas aus meiner Schulzeit: „Sie werden das nicht kennen, aber in der Postkutschenzeit, in der ich zur Schule ging, hatten wir monströse Kartenständer, für den Biologie- und Erdkundeunterricht. Diese standen meistens neben der Eingangstür. Und unsere Lateinlehrerin, immer mit eiligem Schritt, stolperte häufig über diese Kartenständer, sich immer bei ihnen entschuldigend!"

Overhead-Projektoren und Folien

Wie am besten Folien gestalten? Zunächst – jedenfalls ging es mir so – waren meine Folien vollgestopft mit allzu vielen Informationen. Hier als Beispiel eine Folie aus einem Seminar über Erst- und Zweitspracherwerb (vgl. die großartigen Studien von Rosenarie Tracy zum doppelten Erstspracherwerb, z. B. 1996):

> **Mehrsprachigkeit als Normalfall**
>
> „Da ist ein Body an der Tür", sagt ein Mädchen zu seinen Eltern, die mit ihrem Kind zwei Sprachen sprechen, Deutsch und Englisch. Ein „body" ist wohl eine Analyse des aus „some" und „body" komponierten englischen Indefinitpronomens „somebody", das schon erworben ist, während „jemand" noch nicht oder gerade im Augenblick der Äußerung nicht zugänglich ist.
> Solche Sprachmischungen sind typisch für den sog. Doppelten Erstspracherwerb, also einem Spracherwerb, bei dem zwei Sprachen während der kritischen Phase als Muttersprachen erworben werden, aber auch für andere Erscheinungsformen der Zweisprachigkeit (Bilingualismus) und allgemein für den Sprachkontakt. Bis in die heutige Zeit hinein wird erstaunlicherweise immer noch behauptet, dass der Bilingualismus eine Art kognitiv-sprachlicher Ausnahmezustand sei. Dies kann man mit einer einfachen Beobachtung leicht widerlegen. Politische Grenzen fallen nämlich nur äußert selten mit sprachlichen Grenzen zusammen. Die Menge der existierenden Sprachen (gegenwärtig geschätzte 6800 Lautsprachen und vermutlich ebenso viele Gebärdensprachen) übersteigt bei weitem die Anzahl von Ländern, über die die Sprachen sich verteilen (ca. 200). Daher ist Bilingualismus und damit der Sprachkontakt keineswegs eine Ausnahme.

Erst allmählich begriff ich, dass Folien karger sein und die Erklärungen doch mündlich erfolgen sollten. Gelernt hatte ich auch, dass die letzte Folie eines Vortrags oder gar eine Folie mittendrin lustig sein sollte.

Für mittendrin:

Da bot sich ein kleiner sprachlicher Ausflug an, zu Redewendungen, deren Bedeutung sich nicht oder nur teilweise aus den Bestandteilen und ihrer syntaktischen Gruppierung ergibt, selbst wenn das Thema des Vortrags oder Seminars ein ganz anderes war, wie „Sand in die Augen streuen", „den Löffel abgeben" oder „arm wie eine Kirchenmaus". Ich erklärte dann den historischen Bezug oder die Bedeutung von „Löffel" usw. und machte das den Teilnehmern mit der Bemerkung schmackhaft: „Damit können Sie auf jeder Party punkten (!)" Etwas Vorsicht war aber geboten. Ich musste aufpassen, dass ich mich nicht zu lange beziehungsweise zu weit vom eigentlichen Thema entfernte.

Die schlichteste Folie, die ich je gesehen hatte, legte Jerry A. Fodor während seines Vortrags über Modularität am Max-Planck-Institut für Psycholinguistik Mitte der 1980er Jahre auf, und die sah so aus:

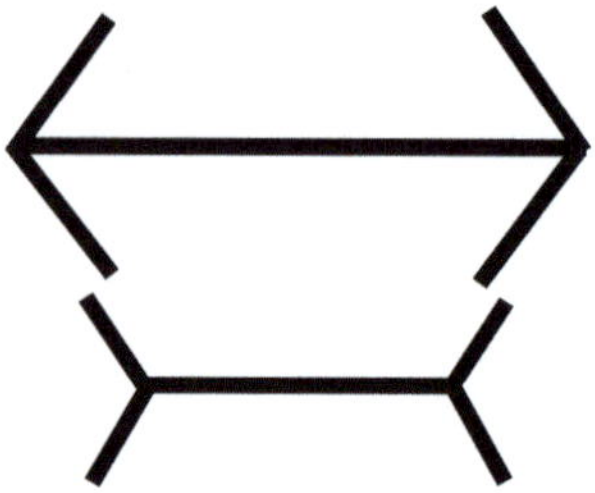

Eigentlich hätte sie aber so aussehen müssen:

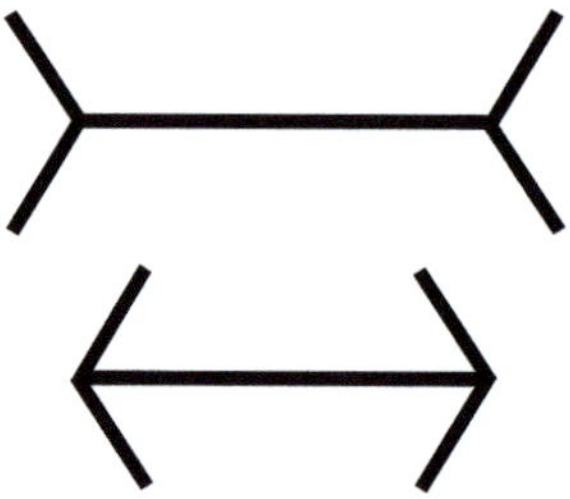

Fodor argumentierte, dass, selbst wenn eine Testperson Wissen darüber hat, dass beide Striche gleich lang sind, die Linie mit den Pfeilen nach innen als kürzer wahrgenommen wird! Fodor hatte sich natürlich nicht vertan, sondern seine Folie war ein Gag, und das Schmunzeln der Zuhörer ermutigte mich zu Abschlussfolien wie dieser:

Aus einem „Peanuts“-Buch hatte ich das Bild per Hand durchgepaust und den Kommentar auch per Hand geschrieben. Womit man sich alles beschäftigen kann, bevor ein Drucker angeschafft wurde, der auch z. B. Getipptes ausdrucken konnte!

Laptop, Sticks und Power-Point-Präsentationen

Und dann kamen sie, die Power-Point-Präsentationen, vor denen ich mich zunächst ziemlich fürchtete. Ich startete daher mit betreutem Erstellen solcher Präsentationen, betreut von Mitarbeitern, die natürlich schon alles konnten. Irgendwann aber machte ich mich selbstständig, stolz wie Bolle, ohne je die zum Teil atemberaubende Virtuosität vieler meiner Kollegen erreicht zu haben. Gelegentlich war ich derart fasziniert davon, dass ich mehr Aufmerksamkeit den genialen Gestaltungen als dem Inhalt widmete! Immerhin gelang es mir, Fotos einzubinden, übrigens mit meinem Kater Arthur:

Katzen kommen irgendwie immer gut an. Und das ist jetzt auch das Ende dieses Kapitels.

Kapitel 15
Wer Visionen hat …

„Wer Visionen hat, der sollte zum Arzt gehen." Helmut Schmidt dachte bei diesem Ratschlag sicher nicht an eine Universität mit ihrer Schwerfälligkeit, hätte vielleicht aber diesen Satz auch geäußert, wenn er einiges näher erfahren hätte. Die folgenden Schilderungen illustrieren meine erfolglosen Visionen. Ich habe jedoch keinen Arzt konsultiert.

„Ohne Sprache war ich verloren"

Wie Sprache und Gehirn aufeinander bezogen und welche Sprachstörungen zu beobachten sind, die aufgrund von Läsionen hauptsächlich der linken Hirnhälfte entstehen, dies gehört zweifelsohne zu den interessantesten Forschungsgebieten der Linguistik. Und da schien es mir während meiner Lehrtätigkeit geboten, dies nicht nur theoretisch durch Textlektüre zu erarbeiten, sondern auch als praktisches Betätigungsfeld an unser Institut zu holen. Praktisch in dem Sinne, dass Studenten bereits während ihres Studiums in Rehabilitationskliniken oder sprachtherapeutischen Praxen eine Hospitation und ein Praktikum absolvieren können. Und da kamen die Bachelorstudiengänge ins Spiel, in denen ja ein Bezug zu möglichen Berufen angedacht war – großartig, so dachte ich anfänglich. In der Tat war in unserer ersten Fassung eines solchen Studiengangs „Kognitive Linguistik" ein obligatorisches Praktikum vorgesehen. Das war zwar recht aufwendig zu organisieren, aber die Studenten qualifizierten sich auf diese Weise für die Klinische Linguistik, und dem Auftrag zur Ausfüllung eines sinnvollen Bachelor-Studiums wurde Rechnung getragen. Später, nach meinem Weggang, verschwand dieser Zusammenhang von Theorie und Praxis, der Studiengang hatte nun auch einen anderen Namen, nämlich „Linguistik" – wirklich bedauerlich, oder um es mit

Karl Valentin auszudrücken: „Die Zukunft war früher auch besser".

Einmal lud ich in mein Kolloquium einen recht jungen Mann ein, der den Teilnehmern von seinen Erfahrungen mit dem Schlaganfall, den Sprachstörungen und der Halbseitenlähmung berichtete. Er war ziemlich gut rehabilitiert, sprach zwar langsam, aber das war in Ordnung, jedenfalls für uns. In Geschäften wurde er aber häufig deswegen abschätzig behandelt. Auf die Frage eines Teilnehmers, was für ihn schlimmer war, nicht sprechen und verstehen oder den rechten Arm nicht bewegen zu können, antwortete er: „Die Lähmung war mir egal, aber mit meiner Sprachlosigkeit fühlte ich mich so entsetzlich verloren und von den Menschen getrennt." Wie essenziell wäre es gewesen, wenn die Studenten der Neurolinguistik ihre sehr genauen Kenntnisse über die Struktur der deutschen Sprache schon im Studium hätten in die Praxis einbringen können, sodass sie dann sprachsystematisch gut fundierte Therapieangebote hätten machen können. Aber – wer Visionen hat … Nun müssen an der Klinischen Linguistik Interessierte eben woanders studieren.

„Die Sprache ist das Haus des Seins"

Die Wahrheit in dieser Sentenz von Søren Kierkegaard möchte ich mit einer Geschichte erläutern, mit einer der anrührendsten Geschichten, die ich je gehört habe. Eine gehörlose Frau verliert bei einem Autounfall ihre kleine Tochter und begibt sich in eine Traumatherapie. Wie hätte diese Therapie laufen können ohne Gebärdensprachdolmetscher, mit Lippenlesen oder Zettel schreiben? Das hätte nicht funktioniert. Doch die Dolmetscherin hat alles, alle Inhalte und alle Stimmungen übersetzt, sodass die Therapie erfolgreich beendet werden konnte. Ja, die Patientin bekam noch ein Kind, dessen Taufpate der über alle Maßen beeindruckte Psychotherapeut wurde. Er selbst entschied sich übrigens, Gebärdensprache zu lernen.

Im Jahre 1995 hielt ich ein Seminar zu Aphasie und besprach darin auch einen Text von Anton Leischner „Die Aphasie der Taubstummen" (1943), nicht ahnend, was sich daraus ergeben würde – mein akademisches Leben und auch meine persönlichen Erfahrungen und Begegnungen wurden auf eine rasante Art und Weise verändert und umfassend bereichert. Damals bereitete die hessische Landtagsfraktion Bündnis 90 – Die Grünen einen Antrag zur Anerkennung der Gebärdensprache als „primäres Kommunikationsmittel" hörgeschädigter Menschen vor und lud mich zu einer Pressekonferenz ein. Es lag ein „Gutachten" vor, in dem vor der Gebärdensprache in gewisser Weise gewarnt und stattdessen die „Beseitigung des Hörverlusts" mithilfe der Cochlea-Implantation (CI) empfohlen wurde. Später las ich von einem HNO-Arzt: „Mit dem CI merzen wir die Gebärdensprache aus" – was für ein Vokabular, das ich in einer Fernsehsendung des Hessischen Rundfunks als „faschistisch" qualifiziert habe. Der Arzt hat sich in jeder Hinsicht geirrt. Implantierte Kinder nutzen sehr häufig die Gebärdensprache, die ihnen viel müheloser zugänglich ist als die Lautsprache. Denn das CI führt ja zu Schwerhörigkeit, und nicht zum Normalhören, die Lautsprache wird eben nicht so mal „nebenbei" erworben, wie es eine Mutter einmal treffend formulierte, oder, wie Jürgen Weissenborn dieses „Nebenbei" einmal in einem Interview ausdrückte: „Kinder steigen mit schlafwandlerischer Sicherheit in das System der Muttersprache ein" (vgl. Leuninger, 1996) – natürlich nur dann, wenn sie einen sensorisch problemlosen Zugang zu den sprachlichen Erfahrungsdaten in der kritischen Erwerbsphase haben. So konnten Leuninger/Happ (1997) in einer Fallstudie zeigen, dass das Spracherwerbsprogramm eines gehörlosen Kindes quasi explosionsartig startete, Steven Pinker (1994) nennt diesen Beginn den Urknall. Das Kind hörender Eltern hatte bis zu einem Alter von etwa dreieinhalb Jahren keinen gebärdensprachlichen Input, ja, in der Früh„förderung" wurde nur gesprochen und auch Musik gemacht. Man glaubt es kaum. Als aber ein gehörloser Erwachsener mit dem Kind gebärdete, entfaltete sich in Windeseile seine Sprachkompetenz.

Das Fernhalten von Gebärdensprache ist eine Art des Kindesmissbrauchs. Ich kann dies mit Fug und Recht sagen, weil ich so viel Trauriges über das sprachliche Leid gehörloser Menschen erfahren habe.

Eltern gehörloser Kinder werden ausnahmslos so beraten: Mit dem Cochlea-Implantat erwirbt ihr Kind erfolgreich die Lautsprache. Aber: Oft gibt es für die implantierten Kinder kein Richtungshören, und ebenso oft wird die zweite Gliederungsebene der Sprache, die prosodische Modulierung nämlich, gar nicht wahrgenommen. Aber auch hörende Kinder, die nicht anfangen zu sprechen, können von der Gebärdensprache profitieren, indem mittels Gebärdensprachangebot die Sprechblockaden aufgelöst werden. Das konnten Sascha Düming und ich in einem Projekt „Lautsprachanbahnung durch Gebärdensprache“ zeigen (vgl. Dümig/Leuninger, 2013). Dabei hatten wir ausschließlich das Wohl (heute sagt man Benefit) für die Kinder im Blick. Und es hat funktioniert. Die zu Hause betreuten Kinder verloren ihre Aggressivität, resultierend aus der Unmöglichkeit, mitzuteilen, was sie wünschen, denken und fühlen. Die letztendliche Entscheidung, welche Sprache, die Laut- oder die Gebärdensprache, ihr präferiertes Kommunikationsmedium ist, lag allein bei den Kindern.

Zurück zur Pressekonferenz: Ich brachte gegen besagte Stellungnahme wenig höflich vernichtende Argumente vor, was die Grünen offenbar „super“ fanden, sodass sie mich in ihr politisches Boot holten. Übrigens hat der Verfasser des fraglichen Gutachtens selbst gehörlose Eltern und beherrscht die Deutsche Gebärdensprache!

Nach der Pressekonferenz war ich derart beeindruckt von der Leistung des Dolmetschers, dass ich beschloss, Gebärdensprache an unser Institut zu holen. Ein Lehrauftrag musste her, daher beantragte ich dies in unserem Direktorium. Ein Déjà-vu: Wie bei meiner Einführung der Klinischen Linguistik hörte ich den Kommentar meiner Kollegen: Da kommt doch niemand, das hat doch nichts mit Germanistik zu tun. Der Lehrauftrag wurde erstaunlicherweise trotzdem genehmigt: 100 Studenten wollten teilnehmen. So also kam Gebärdensprache an die Universität, jedoch nie als institutionalisiertes Studienfach, vielleicht als schmückendes Beiwerk, wie alle meine diesbezüglichen Aktivitäten, wie sich später noch zeigen wird. Mit meiner Emeritierung verschwanden nicht nur ich, sondern die Klinische Linguistik und die Gebärdensprachlinguistik. Auch meine gehörlose Mitarbeiterin verließ das Institut. Das war bitter, und meines Erachtens auch eine Fehlentscheidung der Universitätsleitungen (Dekanat und Präsidium), die befanden, dass Gebärdensprachforschung nicht zu den „Zielvereinbarungen" gehöre. Dabei wäre die Goethe-Universität die einzige hessische Universität gewesen, an der dieses Fach angeboten würde, quasi das ansonsten hoch gepriesene Alleinstellungsmerkmal.

Sprachdidaktik 1.0

Mir war vorher überhaupt nicht bewusst, dass die Gebärdensprache in Deutschland ein armseliges Dasein fristete, sie wurde sogar an Hörgeschädigtenschulen unterdrückt, für mich völlig unverständlich. Diese bis vor Kurzem andauernde Haltung geht auf eine sehr lange zurückliegende Entscheidung zurück. Im Jahre 1880 (!) wurde nämlich auf dem 2. Internationalen Taubstummen-Lehrer-Kongress beschlossen, Gebärdensprache aus dem Unterricht für gehörlose Schüler zu verbannen. Noch bis heute fehlen an Hörgeschädigtenschulen Lehrer, die ihre Schüler in Gebärdensprache unterrichten. So ist diese Äußerung zu verstehen: „Ich wünsche mir ein kleines bisschen Glück, dass die Lehrer gebärden können" (vgl. Ulla Klinkhart, 2018).

Ich erfuhr in den kommenden Monaten wirklich Dramatisches: Verbot von Gebärdensprache mit Androhung und, wenn sie dennoch von Schülern benutzt wurde, Ausführung von körperlicher Bestrafung, Unterrichtsprache war ausschließlich die Lautsprache mit der Konsequenz, dass die meisten der Schüler von Wissen ferngehalten waren, ständig Artikulationstraining, sogar im Mathematikunterricht war das korrekte Aussprechen von Zahlwörtern zentraler Unterrichtsgegenstand – in einer gymnasialen Oberstufe! Das kann doch alles nicht wahr sein! Leider doch.

Lippenlesen?

Noch bedrückender: Nach und nach lernte ich viele gehörlose Menschen kennen, und zu meinem Entsetzen stellte ich fest, dass sie häufig die Gebärdensprache nur bruchstückhaft beherrschten, auch eine schreckliche Folge der Unterdrückung allenthalben. So ergab sich für diese Personen eine sprachliche Heimatlosigkeit, kein Haus des Seins. Selbst wenn sie später mehr Gebärden erwarben, veränderte sich das nicht. Denn aus der Spracherwerbsforschung ist hinlänglich die entscheidende Rolle eines frühen Erwerbsalters bekannt. Dies zeigen auch Studien zum Erwerb und zur Kompetenz in Gebärdensprache (vgl. Leuninger, 2000b, und die dort diskutierte Forschungsliteratur). Darüber hinaus ist auch die Beherrschung der umgebenden Lautsprache ganz häufig oft nur bruchstückhaft.

Und so ergab es sich in den zurückliegenden Jahren und Jahrzehnten zwangsläufig, dass viele gehörlose Menschen nur in „einfachen" Berufen tätig waren. Und die oft geäußerte Behauptung, man habe sich prima mit dem gehörlosen Kollegen verständigen können, weil er gut von den Lippen „ablesen" konnte, ist irreführend. Denn erstens funktioniert dies nur in hochredundanten Kontexten, und zweitens wird ein Großteil der Informationen aus dem Gesprochenen eigentlich bloß rekonstruiert, nicht „abgelesen", eine sehr mühselige Angelegenheit, weil viele Lippenkonfigurationen mehrdeutig sind und andere Laute so gar nicht gesehen werden können. In Corona-Zeiten sind Gehörlose nahezu völlig verloren, wenn sie mit Hörenden kommunizieren. Doch mehr als das Absehen von Lippenkonfigurationen ist für sie der Mund für ganz andere Informationen zuständig. Emotionen werden nämlich am Mund ausgedrückt, Freude z. B. kombiniert mit den Lachfältchen am Auge (nur Botox kann das verhindern). Gehörlose sind extrem auf die Gesichtsmimik angewiesen, die wegen der Masken verborgen bleibt. Sie sind also gegenwärtig (2020) doppelt isoliert. Übrigens fehlt uns Hörenden ebenfalls diese Information, aber zumindest können wir die Lautsprache wahrnehmen.

Inklusion

Was tun? Ich startete eine Unterschriftenaktion, mit der ich Linguisten hessischer Universitäten um Zustimmung zum Antrag der Grünen bat, alle stimmten zu. Ein erster Schritt, der noch recht mühelos war. Weitaus mühseliger erwiesen sich die Gespräche mit den zuständigen hessischen Ministern. Immer wieder dieselben Fragen, immer wieder dieselben Antworten. Aufgegeben habe ich aber nicht, so sehr hat mich meine neue und überraschende Verantwortung als „Diener der Wissenschaft für die Gesellschaft" geleitet.

Das Wunder geschah: Lange vor der Ratifizierung der UN-Behindertenrechtskonvention von 2008 durch Deutschland (2009), in der die gleichberechtigte Teilhabe behinderter Menschen am Wissen einer Gesellschaft eingefordert wird (unter dem Namen „Inklusion"), stimmten am 10.12.1998 alle Fraktionen des Hessischen Landtags dem Antrag der Grünen zu.

Übrigens wird das erste Mal Inklusion dem Sinne, nicht dem Wortlaut nach, erwähnt, nämlich im Exodus (Altes Testament, 4.10–14). Moses sieht sich nicht in der Lage, aufgrund seiner Sprechbeeinträchtigungen („Mein Mund und meine Zunge sind nämlich schwerfällig"), die Israeliten ins gelobte Land zu führen. Doch Gott antwortet ihm: „Wer hat den Menschen den Mund gegeben, und wer macht taub oder stumm, sehend oder blind? … Ich bin mit Deinem Mund und weise dich an, was du reden sollst." Also alle Menschen sind nach Gottes Plan erschaffen und daher gleich. Von besagtem HNO-Arzt und auch von anderen wird diese Stelle nie erwähnt, jedoch aus dem Markus-Evangelium (7.31–37) die Heilung eines „Taubstummen" als Argument für das Cochlea-Implantat. Hätte man jedoch genauer hingeschaut, hätte man erkennen können, das Jesus seufzt, also zögert; schließlich gibt es ja eine Sprache der „Taubstummen", die Gebärdensprache; Jesus lässt sich auf den Wunsch ein, weil offenbar schon vor dieser langen Zeit Gehörlose wie andere Behinderte aus der Gesellschaft ausgeschlossen waren. Man sollte sich nicht auf diese oberflächliche Weise auf die christliche Tradition beziehen, sondern genauer hinsehen.

Was hat die zögernden oder sogar ablehnenden Politiker letzten Endes überzeugt? Vor allem die Rede einer Mutter in einer Anhörung, die teilweise unter Tränen von dem Schicksal ihrer gehörlosen Tochter berichtete: Isolation ohne Gebärdensprache, dramatische Wissensdefizite und die Beurteilung durch sogenannte Experten, ihre Tochter sei agrammatisch! Oder selbst zu sehen, dass die Dolmetscher alle Debatten und Anhörungen perfekt und vollständig übersetzten.

Und schließlich auch, dass die Deutsche Forschungsgemeinschaft im Rahmen des Forschungsschwerpunkts „Sprachproduktion" von 1998–2003 mein Projekt „Sprachliche Fehlleistungen und ihre Korrekturen: Deutsche Lautsprache vs. Deutsche Gebärdensprache", selbstverständlich unter Mitarbeit von zwei gehörlosen Personen, für förderungswürdig erachtete (vgl. u. a. Leuninger, 2003; 2006; Leuninger u. a. 2005; 2007; siehe auch Kap. 16).

Diese Anerkennung der Gebärdensprache war in ihren Konsequenzen nicht trivial, denn es folgten daraus diverse Rechtsansprüche für hörbehinderte Menschen, z. B. das Anrecht auf Gebärdensprachdolmetscher, von denen es in Hessen nicht allzu viele gab. Und nahezu unverzüglich installierten wir eine Weiterbildung zum Gebärdensprachdolmetscher, natürlich nicht an der Goethe-Universität – die interessierte sich wie gesagt nicht dafür –, sondern an der Fachhochschule Frankfurt am Main.

Und dennoch: Vor Kurzem stellte ein HNO-Arzt einen Strafantrag wegen Gefährdung des Kindeswohls durch gehörlose Eltern. Diese weigerten sich, ihr Kind mit dem CI implantieren zu lassen. Ich war ob dieser skandalösen Information fassungslos. Die verängstigten und bedrohten Eltern wurden aber nicht im Stich gelassen; die Betroffenenverbände und auch ich bombardierten das Familiengericht mit Stellungnahmen. Aus diesen Gutachten ging klar und deutlich hervor, dass ein gehörloses Kind, welches mit Gebärdensprache aufwächst, in keiner Hinsicht „gefährdet" ist, im Gegenteil: Es erhält einen optimalen sprachlichen Input von seinen Eltern, entwickelt eine stabile Identität, ist eingebunden in die Gehörlosengemeinschaft, und die Kommunikation ist gewährleistet. Glücklicherweise wurde der Antrag zurückgewiesen. Wie froh war ich, dass ich aus meiner wissenschaftlichen und persönlichen Kenntnis heraus meiner Verantwortung gerecht werden konnte.

In diesen Jahren traf ich mich einige Male mit „Experten": Politikern, Förderschulleitern, Universitätsvertretern, und selbstverständlich mit gehörlosen Menschen, um mein Anliegen, Gebärdensprache in Forschung und Lehre an unser Institut zu holen, vergeblich, oder, wie der Physiker Harald Lesch in seiner Fernsehsendung „Leschs Kosmos" solche Gesprächsrunden treffend charakterisierte: „Ich hab die Vermutung, dass, wenn man für die Schöpfung des Universums einen Arbeitskreis eingesetzt hätte, dann wäre es heute noch nicht fertig."

Sprachdidaktik 2.0

Wie dringlich nötig es eigentlich gewesen wäre, Gebärdensprachforschung an der Goethe-Universität zu verankern, folgt aus der von der Behindertenrechtskonvention geforderten Inklusion. Vermehrt besuchen gehörlose Kinder Regelschulen. Dort müssen sie lesen und schreiben lernen, aber im Unterschied zu hörenden Kindern (mit Deutsch als Muttersprache) ist ihr Schriftspracherwerb ein Fremdspracherwerb. Zumindest grundlegende Kenntnisse der Deutschen Gebärdensprache sollten die zukünftigen Lehrer in ihrem Studium der Deutschdidaktik erwerben können. Die anfänglichen Fehler gehörloser Grundschulkinder beim Schreiben sind nämlich von ganz anderer Art als die hörender Kinder, häufig aus dem Gebärdensprachmodell ableitbar, also in gewisser Weise erwartet (vgl. Leuninger u. a., 2004, Leuninger, 2014).

Zum Beispiel schrieb ein gehörloses Mädchen:

> Sein Haus nahe da Person gehörlos

Dieser Satz entspricht nahezu eins-zu-eins dem gebärdensprachlichen Modell. Die Wortordnung folgt der für die Deutsche Gebärdensprache typischen Figur-Grund-Serialisierung (zuerst Gebärden für den Hintergrund), „da" ist ein sogenannter „Verorter" und lautsprachlich in etwa ein Auxiliar, und Adjektive folgen dem Nomen. Oder:

> Ich möchte sie sagen bescheid, am morgen 2 Stunden Religion ausfällt

Hier kann man erkennen, dass die Verb-Zweit-Position für Hauptsätze schon vorhanden ist, vielleicht noch nicht ganz gefestigt; bei „sie sagen bescheid" sieht man förmlich die Gebärde vor sich: BESCHEIDSAGEN ist eine Gebärde; der Kasusfehler liegt daran, dass die Deutsche Gebärdensprache keine Kasus kennt und diese daher gesondert gelernt werden müssen; „am morgen" ist wohl eine Übergeneralisierung des Musters „am Freitag"; „2 Stunden ausfällt" macht etwas deutlich, was man auch aus dem Spracherwerb weiß: Grammatiken konkurrieren in gewissen Stadien des Erwerbs, in „2 Stunden" findet sich bereits Pluralkongruenz, die es so in der Gebärdensprache nicht gibt, wohingegen „ausfällt" keine für das Deutsche typische Subjekt-Verb-Kongruenz aufweist. Eine solche Kongruenz hat die Gebärdensprache nicht.

Eine Einbindung der Gebärdensprachforschung in die Sprachdidaktik hat jedoch nicht stattgefunden, noch nicht mal auf der Ebene eines Lehrauftrags. Wo bleibt die bildungspolitische Verantwortung der Universität? Noch mal: Sie hätte doch zumindest das ansonsten so geschätzte Alleinstellungsmerkmal ins Feld führen können.

Im Chor der Gehörlosen

Ein gehörloser Freund von mir schrieb einmal: „Die Gehörlosen sind ein munteres Völkchen“. Sie mussten viele Enttäuschungen mit Hörenden aushalten, die zunächst Gebärdensprache so lebendig fanden und einen Kurs besuchten. Das war es aber dann auch. Kontakte zu Gehörlosen suchten sie kaum. Und um diese Enttäuschungen nicht wieder zu erleben, bekam ich Folgendes zu hören, zu sehen: „Wenn Du Dich für Gebärdensprache einsetzt, dann musst Du auch unsere Sprache lernen!“ Das musste also sein, es war schwer, aber großartig. Auch wegen der poetischen Kraft, die dieser Sprache innewohnt. Ich wurde liebevoll in die katholische Gehörlosenseelsorge aufgenommen und durfte alsbald im Gebärdenchor mitmachen, in einem Chor ohne Musik, doch mit der besagten unendlich schönen Ausdruckskraft. Nachdem in der ZEIT (30.1.2003) ein Artikel mit dem Titel „Im Chor der Gehörlosen“ über uns erschienen war, luden uns die Mitarbeiter der katholischen Gehörlosenseelsorge, HNO-Ärzte, die gerade einen Kongress in Erfurt abhielten, ein, wohl in der irrigen Annahme, dass Gehörlose singen! Das hätten sie sicher gerne erlebt, schließlich sind viele von ihnen intensiv in der Lautsprachförderung mittels CI engagiert. Wir hingegen trugen im wunderschönen Erfurter Dom religiöse Texte in Deutscher Gebärdensprache vor. Wie groß die Enttäuschung der Ärzte war, vermag ich nicht zu beurteilen.

Im gesamten Gottesdienst wurde Gebärdensprache verwendet. **Das** christliche Grundgebet, also das „Vaterunser“ hat, wenn es gebärdet wird, eine Kraft, die ihresgleichen sucht, vielleicht vergleichbar dem „Vaterunser“ in Aramäisch. Und der Psalm 23 „Der Herr ist mein Hirte“ ist voller Dramatik und Zärtlichkeit. Mit der Zeit wurde ich zum „Poeten“. Für den Gottesdienst verfasste ich Gebete, manche habe ich direkt in Gebärdensprache geschrieben, manche habe ich aus lautsprachlichen Texten übersetzt und verwendete gelegentlich Vorlagen aus der Pop-Musik. „Bridge over Troubled Water“ von Simon and Garfunkel konnte sehr gut passend spirituell reinterpretiert werden: Gott als Brücke über die tosende See des Lebens. Dass meine gebärdensprachlichen Vorschläge von den gehörlosen Mitgliedern des Gebärdenchors akzeptiert wurden, empfand ich als große Ehre.

In dieser Zeit entwickelten wir ein ökumenisches Lexikon religiöser Gebärden; wegen des Primats der Lautsprache gab es nämlich nur wenige Gebärdenworte für den Gottesdienst und den Religionsunterricht. An diesem Projekt waren gehörlose und hörende Seelsorger und Laien beteiligt. Die letztendliche Entscheidung für einen Vorschlag lag immer bei den gehörlosen Mitgliedern. Nur, wenn sie die Gebärde akzeptierten, wurde sie in das Lexikon RELEX aufgenommen. Gefördert wurden von 1998–2000 drei Gehörlose im Rahmen des europäischen Projekts Horizon (Leuninger u. a., 2000).

Im Jahre 1999 organisierte ich ein Symposium „Gebärdensprachforschung im deutschsprachigen Raum" (Leuninger/Wempe, 2001), gefördert von der Deutschen Forschungsgemeinschaft und der Telekom. Es mag verwundern, dass sich auch die Telekom beteiligte. Hier die Auflösung: Im Rahmen des Projekts „Optimierung der Kommunikation von gehörlosen Menschen am Arbeitsplatz" untersuchten Claudia Meindl und ich Teledolmetschen und evaluierten die jeweiligen Dolmetscherarbeitsplätze; die Dolmetscher waren zu Hause und vermittelten lautsprachliche Anrufe gebärdensprachlich über einen Bildschirm (vgl. Meindl/Leuninger, 2000; Leuninger/Meindl, 2001).

Kinder und Gebärdensprache

Im Jahre 2003 bot nach anderen Universitäten auch Frankfurt eine Kinder-Uni an. Der Sinn einer solchen Veranstaltung erschloss sich mir nicht wirklich, doch weil der Wunsch an mich herangetragen wurde, eine Vorlesung zur Gebärdensprache anzubieten, konnte ich nicht widerstehen. Vielleicht könnte es doch sinnvoll sein, dass Kinder etwas über Gebärdensprache und das oft so beschwerliche Leben gehörloser

Menschen erfahren. Es war der erste Vortrag zur ersten Kinder-Uni: „Mit den Augen verstehen, mit den Händen reden". Wir liefen also zu dritt ein, eine gehörlose Gebärdensprachdozentin (Andrea Kaiser), eine Dolmetscherin und ich. Sollte es Vorurteile oder Unwissenheit bei den Kindern geben, dann kann man diese am besten abbauen, wenn man sieht, wie gebärdensprachlich kommuniziert wird. Und so war es auch. Eineinhalb Stunden gebannte Aufmerksamkeit und Stille von hunderten Kindern (wie wohltuend, wie anders als oft in den „normalen" Veranstaltungen und wie berührend). Denn ein Mädchen, das nur einen Arm hatte, meldete sich und fragte die gehörlose Dozentin, welche Erfahrungen sie als Behinderte gemacht habe und ob sie auch gehänselt wurde. Als die eineinhalb Stunden wie im Fluge vorbei gegangen waren, kam dieses Mädchen ans Podium und umarmte die Dozentin. Unsere Botschaft war angekommen, die Kinder hatten ein bisschen Gebärdensprache gelernt, z. B. ihren Namen mit dem Fingeralphabet zu buchstabieren, aber insbesondere konnten sie die Ausdruckskraft der Gebärdensprache visuell erfahren.

Eine ganz ähnliche Erfahrung machten wir 2007, als wir von der Deutschen Forschungsgemeinschaft zum Wissenschaftssommer in Essen eingeladen worden waren. Neben einem Informationsstand und einem Auftritt in „nano" (3sat) boten wir auch Gebärdenkurse für Schüler an. Die begleitenden Lehrer sagten uns regelmäßig, wie „neidisch" sie seien, so viel Ruhe und durchgängige Aufmerksamkeit der jungen Schüler, unglaublich!

Geschafft!

Sehr selten, auf keinen Fall an meiner Universität, war es gehörlosen Personen vergönnt, ein Studium durchzustehen und erfolgreich zu beenden. Denn lange, allzu lange Zeit gab es keine qualifizierten Gebärdensprachdolmetscher, und wenn, dann war die Finanzierung unsicher. Man kann es kaum glauben. Aber einmal während meiner Zeit an der Universität geschah das „Wunder", die Promotion einer gehörlosen Studentin, mit ihrer Arbeit „Morphologie und Morphosyntax der Deutschen Gebärdensprache. Manuelle und nicht-manuelle Komponenten" (Daniela Happ, 2008) und der sich anschließenden Disputation. Disputationen sind öffentlich, wenn der Kandidat dies zulässt. Bei dieser Prüfung waren neben dem professoralen Gremium viele ihrer gehörlosen Freunde anwesend und glücklicherweise zwei Dolmetscher. Immer, wenn ein Prüfer eine Frage stellte, erstarrten die Gäste vor lauter Angst, dass die Frage nicht beantwortet werden kann. Sie entspannten sich sofort, wenn die Antwort kam. Sie waren unglaublich stolz auf ihre Freundin und ich emotional aufgewühlt und froh.

Ich habe zwar keine biologischen Nachfahren, doch fühlte ich mich immer eingebettet in die christliche Tradition meiner Familie und die damit verbundene Verpflichtung zum Engagement (zur Nächstenliebe). Und der Glaube kann stark und unbeirrbar sein: Mein Onkel Franz Leuninger wurde noch am 1. März 1945 in Plötzensee hingerichtet, um seines Glaubens willen.

Jetzt schaue ich zurück auf eine aufregende Zeit. Zwar habe ich an der Universität keine Spuren hinterlassen, aber vielleicht doch bei den Studenten, den hörenden und den gehörlosen, der Öffentlichkeit und meinen gehörlosen Freunden. Und das ist ein großartiges Geschenk, das mich mit großer Dankbarkeit erfüllt.

Kapitel 16
Freiheit von Forschung und Lehre

Bei allem Nachdenken und Zweifeln, ob die Universität noch die Bildungsstätte ist, die sie einmal war, dürfen wir doch zufrieden sein. Womit? Mit der Bewahrung der Freiheit von Forschung und Lehre, auch wenn es da einige Kapriolen geben mag. Denn diese Freiheit garantiert den Reichtum und die Vielfalt an wissenschaftlichen Fragen und ihren Lösungen, die wir eben auch in der Lehre vermittelt haben. Wenn ich an einer anderen Universität oder anderen Orten Vorträge gehalten habe, habe ich mich auch als Botschafterin meiner Universität verstanden und erst ganz spät erkannt, dass ich nur „in eigener Sache" unterwegs war. Als ich mir hierzu die Liste meiner Vorträge angeschaut hatte, war ich reichlich erstaunt, wie oft ich „auf Achse" gewesen war.

Anfänglich hielt ich Vorträge zu Syntax und Spracherwerb, als jedoch Versprecher zu meinem Forschungsgegenstand wurden, beschäftigten sich die meisten Präsentationen damit. Mit dem Einzug der Deutschen Gebärdensprache in meine kognitive Welt war ich viel unterwegs, stritt mich mit Gegnern der Gebärdensprache (die gab und gibt es ja immer noch) und versuchte, mit großer Emphase zu zeigen, wie feinstrukturiert und komplett die Deutsche Gebärdensprache ist und wie viel noch erforscht werden muss:

Die Erforschung der Deutschen Gebärdensprache geht langsam, aber zielstrebig voran: „Ich rede, wie mir die Hände gewachsen sind."

Eingeweihte Kreise

Im Jahre 1979 fand in Pisa das GLOW-Meeting (Generative Linguistics oft the Old World) statt, und danach hielt Noam Chomsky eine Syntax-Vorlesung, die berühmten „Pisa-Lectures", die dann 1981 veröffentlicht wurden. An beiden Veranstaltungen nahm ich teil. Kurz davor hatte ich gerade den Text „On wh-Movement" (1977) von Chomsky gelesen und war guten Mutes – fälschlicherweise, wie sich alsbald herausstellte – den Vorträgen problemlos folgen zu können. Weit gefehlt: Die Referenten bezogen sich auf ein quasi gerade geschriebenes „Paper" von Chomsky „On Binding" (1978), das als Manuskript offenbar nur im „inner circle" kursierte und von dem ich keine Kenntnis hatte. Nicht nur meine anhaltende Erkältung, sondern auch meine Enttäuschung, mal wieder nicht auf der Höhe zu sein, machten mir ein schnelles Verstehen dieses neuen Ansatzes nahezu unmöglich. Im Hotelbett grübelte ich: „Offenbar bin ich kognitiv beschränkt und werde auch nicht in der scientific community der Syntaktiker wahrgenommen". Solch ein „inner circle" musste offenbar gepflegt werden, doch ich wusste nicht, wie man so etwas anstellt. Am zweiten Tag des Meetings geschah etwas Merkwürdiges, ja, eigentlich Bezeichnendes und für mich irgendwie Tröstliches. Es kam der natürlich mit Spannung erwartete Vortrag von Chomsky. Er begann seine Ausführungen damit, dass „On Binding", konzeptuell nicht angemessen sei! In der Situation der nachfolgenden Referenten mit ihren danach präsentierten Analysen, auch auf der Basis von „On Binding", wäre ich nicht gern gewesen. Sie mussten ja spontan immer mit einer Bemerkung zu dem „problematischen" Ansatz in besagtem „Paper" starten, dann aber ihre Beschreibung bestimmter syntaktischer Fakten genau im Rahmen dieses Ansatzes präsentieren. Manchmal ist es doch ganz gut, nicht dazu zu gehören.

Medien

Mit dem ersten Beitrag über meine Versprechersammlung, der 1992 in der Frankfurter Rundschau erschien, rollte eine tsunamigleiche Welle über mich herein. Ich war damit in nahezu allen Printmedien vertreten – von der BILD-Zeitung über Frauenzeitschriften zur GEO, zum SPIEGEL und FOCUS. Und so funktioniert es: Landet einmal ein solcher Artikel in den Radio- und Fernsehredaktionen, dann gelangt man schnell in deren Hamsterrad, also ins Frühstücksfernsehen, in Talkshows, selbst in die Sendung „Sag die Wahrheit" und zwischen zwei Popsongs im Radio. Ich muss gestehen, dass das wirklich Spaß gemacht hat, obwohl natürlich nicht wirklich ernsthaft über Versprecher geredet werden konnte. Doch auch Seriöses war dabei, z. B. eine ganze Stunde Interview in der Sendung „Doppelkopf" im Hessischen Rundfunk im Jahre 2005. Und mit dem Erscheinen meines Buchs über Versprecher (Leuninger, 1993) steigerte sich alles noch mal. All meine Auftritte waren anfänglich ziemlich spannend, und alle waren auch ein Lehrmeister, sich nicht in wissenschaftlichen Terminologien zu verlieren.

Am nettesten in dieser aufregenden Zeit war die übergroße Zahl von „Fanpost", die ich nach dem Erscheinen meines Buchs erhielt. Aus diesen Briefen erfuhr ich, dass sich doch viele Menschen für Sprache interessieren. Sie stellten in ihren Briefen des Öfteren Überlegungen zu Versprechern an, wie und warum sie entstehen, und warum Freud, dessen „Analyse" ich kritisiert hatte, doch recht hat. Wie wohltuend zu wissen, dass der Gegenstand der Linguistik so allgegenwärtig ist.

Und noch zwei „Schmankerl" zum Schluss: 2006 trat ich in der Sendung „Wat is?" mit Jürgen von der Lippe auf. Sehr schick war, dass ich über eine lange Showtreppe gehen musste, begleitet von Musik. Zog man die musikalische Begleitung einmal ab, so hatte dies viel mit dem „Einzug" in große Hörsäle zu tun. (In gewisser Weise ist ja das Unterrichten auch eine „Performance".) Es ging natürlich um Versprecher. Die Redaktion wollte, dass man ein Du irgendwie hinbekommt. Ich schaffte das mit dem wahrscheinlich gar nicht belegten, aber typischen Zitat des ehemaligen Bundespräsidenten Lübke, der zur Queen gesagt haben soll: „You can say you to me". 2009 wurde ich in die Sendung „Frei von der Lippe", ebenfalls mit Jürgen von der Lippe, auf die Wartburg eingeladen. Bei der telefonischen Einladung erhielt ich eine mir zunächst missverständliche Instruktion: „Sie treffen auf der Hälfte des Wegs zur Wartburg Jochen." Jochen, ein Mitarbeiter, der mich zum Drehort führt? Nein, Jochen war ein Esel, den ich davon überzeugen sollte, mit mir gemeinsam zur Wartburg zu gehen. „Soll ich Mohrrüben mitbringen", lautete meine bange Frage. Daran sieht man, wie wenig erfahren so ein kleines Professorchen ist. Tiernarr, der ich bin, habe ich mich aber riesig gefreut, bin natürlich trotzdem ziemlich aufgeregt gewesen. Doch Jochen mochte mich und meine Mohrrüben unverzüglich. Wir beide trabten vergnügt den Berg hinauf und mussten uns dann leider trennen. Im Interview ging es dann kaum um Versprecher, sondern um die überbordende Verwendung von „ähs", charakteristisch für viele Reden von Edmund Stoiber. Wozu sich ein Linguist alles äußern muss! Aber es war ziemlich lustig. Ausgestrahlt wurde das Interview am Silvesterabend und dann meiner Erinnerung nach noch zweimal in den folgenden Silvestersendungen. Ein bisschen kam ich mir vor wie Miss Sophie aus „Dinner for One"!

Gutachten

Ich wurde auch als Gutachterin für Projekte im Rahmen des Sonderforschungsbereichs Mehrsprachigkeit an der Universität Hamburg bestellt. Gutachter zu sein für gebärdensprachliche, psycho- und neurolinguistische Projekte für die Deutsche Forschungsgemeinschaft, die niederländische (NWO) und die schweizerische Forschungsgemeinschaft (Schweizerischer Nationalfonds zur Förderung der wissenschaftlichen Forschung) sowie die Akademie der Wissenschaften ist mir immer sehr schwer gefallen, irgendwie brachte ich es kaum übers Herz, Projektanträge negativ zu bescheiden. Aber manchmal musste es eben sein.

Und auch sonst haben mir meine Forschungen zur Gebärdensprache interessante und verantwortungsvolle Aufgaben bereitet: von 1998 bis heute berate ich regelmäßig Betroffenenverbände und Parteien in Sachen Gleichstellungsgesetz (einschließlich Ausführungsbestimmungen), 1999 war ich Mitglied der Kommission zur Evaluation des Zentrums für Österreichische Gebärdensprache an der Universität Klagenfurt, und 2003 beriet ich die Humboldt Universität Berlin zum Studium Gebärdensprachdolmetschen.

Von 1999 bis 2003 begleitete ich ein Pilotprojekt „Integration gehörloser Schüler in die Regelschule mit Gebärdensprachdolmetscher". Initiiert wurde dies lange, bevor durch Inklusion Regelbeschulung beeinträchtigter Menschen rechtlich abgesichert wurde, von Mitgliedern der katholischen Gehörlosenseelsorge (!); wir folgten dem dringenden Wunsch des gehörlosen Schülers, nicht in die Hörgeschädigtenschule zu gehen („da kann doch niemand gebärden"). Das zu realisieren, war nicht einfach. Überzeugt wurden Schulleiter, Elternbeirat und Lehrer durch das Verhalten des Schülers, der während der Besprechung stundenlang ruhig und konzentriert am Tisch saß und ein Bild malte. Die vier Grundschuljahre waren ein großer Erfolg und eine Bestätigung unserer Überzeugung, dass es nur um eine andere Sprache geht, und nicht etwa um kognitive Defizite, auch wenn der Erwerb der Schriftsprache ganz anders verlief als bei hörenden Schülern. Alles war in gewisser Weise eine göttliche Fügung: Die Konrektorin hatte Gebärdensprache gelernt, und ihr Sohn wurde Gehörlosenseelsorger. Zur Bekräftigung der „Normalität" schildere ich kurz eine aufschlussreiche Begebenheit. Besuche von Psychologen sind üblich, wenn ein behindertes Kind in der Schule ist. So auch eines Tages in besagter Schule. Kaum war der Psychologe anwesend, wurde die Tür aufgerissen, und der gehörlose Schüler trat ein, einen weinenden Mitschüler an der Hand führend. Und nun die empörte Äußerung in Gebärdensprache: „Wenn der Sven (Name geändert, H. L.) noch einmal meine Freundin schlägt, dann hole ich meinen Bruder, und der verhaut den Sven." „Ich sehe hier keinen Handlungsbedarf" kommentierte der Psychologe!

Drittmittel

Viele Drittmittelprojekte hatte ich nicht. Vermutlich war ich allzu verliebt in die Lehre. Ich sehe mich noch vor meinem inneren Auge etwa 300 Klausuren in mein Büro jonglieren, und das ganz oft.

Neben den in Kapitel 16 erwähnten Projekten möchte ich hier gerne noch mal eines der aufregendsten Projekte, die ich betreute, anführen und den Inhalt kurz beleuchten. Im Rahmen des von der Deutschen Forschungsgemeinschaft für sechs Jahre geförderten Forschungsschwerpunkts „Sprachproduktion" (1998–2003) untersuchten wir experimentell, wie sprachliche Fehlleistungen in der Deutschen Gebärdensprache (ich habe ihnen die Bezeichnung Vergebärdler gegeben) aussehen, wie sie korrigiert werden und wie sich Unterschiede zu lautsprachlichen Versprechern erklären lassen, und es entstand dazu meines Wissens die erste umfassende Studie in Europa. (vgl. Leuninger, 2003, 2006, Leuninger u. a., 2005, 2007) Vorbild war die Untersuchung von Don Newkirk u. a. (1980), in der anhand von „slips of the hand" in der Amerikanischen Gebärdensprache der komplexe formale Aufbau von Gebärden überzeugend gezeigt wurde. Unsere Untersuchung ergab, dass Vergebärdler den für die Versprecher entwickelten Kategorien vergleichbar sind, dass die Korrekturrate gleich hoch ist (etwa 55 Prozent), dass sich jedoch in der Verteilung der einzelnen Kategorien Unterschiede finden. Diese Verteilung lässt sich aus dem etwas anderen Aufbau komplexer Gebärden ableiten. Insbesondere traten viel mehr Verschmelzungen bei den Vergebärdlern auf. Versprecher dieser Art sind selten. So werden bei dem Versprecher „Setz Dich auf den Stulrich ← Setz Dich auf den Stuhl, Ulrich" zwei benachbarte Wörter zu einem zusammengefasst, also verschmolzen, und es verschwindet damit ein syntaktisches Element, hier das zweite Nomen. Diese Art kommt wie gesagt bei Vergebärdlern deutlich häufiger vor:

HACHT ABENDS ← HALB

Für Uneingeweihte ist das Beispiel vielleicht schwer zu verstehen. Ich probiere es mal:

Die Gebärde HALB ist auf dem rechten Bild. Die Gebärde ACHT wird mit beiden Händen ausgeführt, die rechte Hand gebärdet eine DREI und die linke Hand eine FÜNF, was nach Adam Ries(e) ACHT ergibt. Der Vergebärdler verschmilzt die DREI-Hand mit HALB, sodass so etwas wie „Hacht“ entsteht.

Der deutliche Unterschied in der Häufigkeit von Verschmelzungen bei den Versprechern und den Vergebärdlern hat mit sehr speziellen Regeln für Wortzusammensetzungen (also etwa Kompositionen) zu tun. Und hier dafür ein Beispiel:

> **Komposition**: Das Kompositum mit der Bedeutung „berühmt“ setzt sich in der Deutschen Gebärdensprache aus den Gebärden KENNEN und ALLE zusammen.
>
> KENNEN
> Zweimal wird die Hand an die Stirn geführt:
>
> 

ALLE ist eine halbkreisförmige Bewegung von links nach rechts:

Und das ist das Kompositum mit der Bedeutung „berühmt“: KENNEN wird nur einmal an der Stirn ausgeführt, die Bewegung führt hinunter zu ALLE, das auch in der Bewegung verkürzt wird.

Komposition entsteht also aus einer phonologischen Reduktion der daran beteiligten Gebärdenwörter. Aber das hat nichts mit der oft von sogenannten Experten (vgl. Kap. 15) behaupteten einfachen oder gar primitiven Gebärdensprache zu tun. Temporäre sprachliche Fehlleistungen folgen immer den Regeln der jeweiligen Sprache und sind, wie Versprecher, für die Struktur der jeweiligen Sprache – Laut- oder Gebärdensprache – ungemein aufschlussreich. (vgl. Richard Wiese, 1987)

Ohne mit allzu viel Eigenlob zu prahlen: Unser Projekt hat auch international Beachtung gefunden. Geglückt war unsere Studie natürlich nur, weil die gehörlose Mitarbeiterin Daniela

Happ gebärdensprachliche Äußerungen analysieren konnte, ja, überhaupt Vergebärdler entdeckte.

Gastprofessuren und eine Präsidentschaft

Zur Freiheit gehört auch, dass außeruniversitäre Aktivitäten erlaubt waren, zum Teil gelegentlich ziemlich zeitaufwendige, etwa Gastprofessuren. Ich hatte bloß zwei davon, an der Universität Bielefeld wöchentlich und ein Blockseminar zur Gebärdensprache an der Universität Salzburg, beides wertvolle Erfahrungen, aber auch lustige; so lautete ein Flugblatt der Bielefelder Studenten: „Kürzung des Bafög, überfüllte Vorlesungen und Jugendarbeitslosigkeit sind drei Seiten einer Medaille."

Die Jahre 1997 bis 2002 waren alle sehr ereignisreich, eine Gebärdensprachdolmetscher-Ausbildung wurde an der Fachhochschule Frankfurt am Main installiert (Kap. 15), und ich erhielt 2002 den Kulturpreis der hessischen Gehörlosen, welche Ehre für eine hörende Person.

Im Jahre 1997 wurde ich zur Präsidentin der Gesellschaft für Gebärdensprache und Kommunikation Gehörloser gewählt und hatte dieses Amt bis 2001 inne. Während meiner Zeit an der Universität bekleidete ich einige Posten, Geschäftsführende Direktorin des Instituts für Deutsche Sprache und Literatur, Dekanin des Fachbereichs Neuere Philologien, Mitglied der Auswahlkommission „Buch- und Medienpraxis", und, wie in Kapitel 11 bereits erwähnt, wissenschaftliche Leiterin der Internationalen Frankfurter Sommerkurse, um nur einige zu nennen. Doch Präsidentin der Gesellschaft für Gebärdensprache und Kommunikation Gehörloser zu sein, das war schon etwas ganz Besonderes. Zumal ich in die viel zu großen Fußstapfen meines Vorgängers treten musste, in die des „Vaters" der Gebärdensprachforschung in Deutschland Siegmund Prillwitz. Mit unbeirrbarem Engagement hat er in einer Zeit, in der in Deutschland die entsetzlichen Vorurteile zur Gebärdensprache (Affensprache, primitiv, nur eine Krücke usw.) vorherrschten, die Anliegen der Gehörlosen vertreten, mit unglaublicher Schläue eine Vielzahl von Projekten an Land gezogen, die Gründung des Instituts für Gebärdensprache an der Universität Hamburg durchgesetzt und viele Stellen für gehörlose Mitarbeiter geschaffen. Darüber hinaus hat er den für Gebärdensprache einschlägigen Verlag „Signum" ins Leben gerufen.

Seine großartigen Leistungen konnte ich sogar in einem vielleicht unerwarteten Zusammenhang würdigen. Das ZDF übertrug am 31.8.1997 den Gottesdienst der katholischen Gehörlosenseelsorge. Fürbitten der Gemeinde gehören zur Liturgie, und ich betete eine Fürbitte für Siegmund Prillwitz. Fast drohte übrigens der Gottesdienst zu scheitern, denn in der Nacht starb Lady Diana, die von den Gehörlosen sehr verehrt wurde (sie hatte sogar die Britische Gebärdensprache gelernt). Es war viel Trost nötig, um die Tränen und die Verzweiflung zu mildern, was auch gelang. Mein Weg als Präsidentin war aufgrund der „Vorarbeit" von Siegmund Prillwitz bereitet, lange nicht mehr so beschwerlich, aber doch auch häufig sehr mühsam.

Begonnen habe ich dieses Kapitel damit, dass die Universität uns Dozenten viel Freiraum gewährt. Und damit möchte ich auch schließen. Ohne diesen Freiraum wären mir die vielen wertvollen Erfahrungen gar nicht möglich gewesen. So schaue ich mit großer Dankbarkeit auf den Reichtum meiner 40 Jahre zurück.

Kapitel 17
„Bereit zum Abschied sein und Neubeginne“

Mit der Formel „nicht von dienstlichem Interesse“ wurde mein Antrag auf eine Weiterbeschäftigung über das Alter von 65 Jahren hinaus vom Direktorium des Instituts für Kognitive Linguistik im Jahre 2010 abgelehnt, und nur mit dieser Formel. Die Mitglieder des Instituts ließen mich sehr lange auf dem Gang warten, obwohl dieser Entschluss schon vor der „Beratung“ gefallen war. Denn lange vor diesem Schiedsspruch waren ohne meine Beteiligung Strippen gezogen worden, Stellen und Mitarbeiter neu verteilt. Aber es gab ja diese offenbar von höherer Warte vorgeschriebene Formel, hinter der man sich gut verstecken konnte. Vor dieser Direktoriumssitzung musste ich die Studenten darüber informieren, dass sie sich unter Umständen andere Prüfer suchen sollten, wenn mein Antrag nämlich abgelehnt würde. In kürzester Zeit kamen Tausende Unterschriften zusammen, die mit berührender Emphase meine Weiterbeschäftigung forderten. Vergeblich, und das war für mich besonders schmerzlich und führte mir ein letztes Mal vor Augen, wie unerheblich Engagement und Lehre sind.

Pünktlich um 10.15 Uhr wollte ich zu meiner letzten Seminarsitzung gehen, wurde jedoch von meinem Mitarbeiter unter einem Vorwand gebeten, etwas später zu kommen. Als ich dann den Seminarraum betrat, empfing mich das Lied „Für Dich soll' s rote Rosen regnen“, der Raum war geschmückt, die Tische bedeckt mit kleinen roten Herzen. Den Tränen nahe setzte ich mich zitternd an meinen Platz und hörte einer liebevollen, herzergreifenden, aber auch humorvollen Rede eines Teilnehmers zu. Wie gerne hätte ich diese Studenten noch bis zum Ende ihres Studiums begleitet. Auch jetzt, während ich dies schreibe, stehen mir die Tränen in den Augen.

Den oben zitierten Ratschlag von Hermann Hesse aus seinem wunderbaren Gedicht „Stufen“ konnte ich damals nicht sofort annehmen. Aber, weil mir nun Zeit „geschenkt“ wurde, konnte ich alsbald meine kranke Mutter bis zu ihrem Tod begleiten, eine unschätzbare Gnade.

Und ein Neubeginn: Mit großem, unerschütterlichem Aufwand habe ich es geschafft, dass die Hochschule Fresenius in Idstein seit 2011 einen berufsbegleitenden Masterstudiengang Gebärdensprachdolmetschen anbietet und mir eine Honorarprofessur verlieh. Welch ein Glück: Ich kann wieder unterrichten, und es besteht ein „dienstliches Interesse".

Kapitel 18
Was bleibt?

Ich möchte nicht verbittert schließen, ohne über all meine Freuden während meines akademischen Lebens zu sprechen, insbesondere über die vielen großartigen Dissertationen, die ich betreuen durfte. Sie bezogen sich nahezu allesamt auf Forschungsinhalte, die ich vertreten habe, Psycholinguistik mit Arbeiten zu Versprechern, zum Erst- und Zweitspracherwerb, Neurolinguistik mit Arbeiten zu Aphasie und Demenz und Gebärdensprachlinguistik. Alle diese Dissertationen belegen für mich auf eindrucksvolle und unvergessliche Weise, wie sich aus meinen Lehrinhalten ganz eigenständige Themen entwickelt haben, worauf ich überaus stolz bin. Sascha Dümig hat dies im Vorwort zu seiner Doktorarbeit (2018), in der er auf feinsinnige Weise die phonologische und semantische Struktur von sogenannten Protowörtern und deren Entwicklung untersuchte, so formuliert:

> „Frau Professor Leuninger, meine Doktormutter und langjährige einzige Mentorin … ermöglichte mir in der wissenschaftlichen Freiheit und dem persönlichen Vertrauen, die sie mir über all die Jahre gab, das Eigene zu entwickeln und zu verwirklichen."

Das Wichtigste ist, Studenten auf ihrem Weg zu fördern und zu begleiten, ihnen Raum für kreatives Denken zu lassen und in Dankbarkeit für all die Geschenke, die sie mir gemacht haben, auf meine Zeit an der Universität zurückzuschauen: „I did it my way."

Literatur

Agrammatismus (1992): https://www.nat-verlag.de/programm/neurolinguistische-aphasietherapie/agrammatismus

Allen, Woody (1992): *Wie du dir, so ich mir*. Hamburg: Rowohlt Verlag.

Allert, Tilman (2014): „Keine Ahnung. Soziologie einer Formel in Gesprächen Jugendlicher." *Frankfurter Allgemeine Zeitung* 8.1., N4.

Allert, Tilman (2017): *Gruß aus der Küche. Soziologie der kleinen Dinge*. Frankfurt am Main: S. Fischer.

Arbeitsgruppe Psycholinguistik und Aphasieforschung (Gies, Angela/Gräf, Roland/Keller, Jörg/Klein, Monika/Leuninger, Helen/Pluschinski, Petra/Sabel, Joachim/Schall, Sabine/Steinhardt, Ute/Wember, Sabine/Westermann, Heike/Wiegand, Dagmar) (1987): „Modulare Sprachverarbeitung: Evidenz aus der Aphasie." *Frankfurter Linguistische Forschungen, Sondernummer 2.*

Bechert, Johannes/Clément, Danièle/Thümmel, Wolf/Wagner, Karl-Heinz (1970): *Einführung in die generative Transformationsgrammatik*. München: Hueber.

Bierwisch, Manfred (1970): „Fehler-Linguistik." *Linguistic Inquiry* 1, 397–414.

Carnap, Rudolf (1947): *Meaning and Necessity*. Chicago: University of Chicago Press.

Chomsky, Noam (1957): *Syntactic Structures*. Den Haag/Paris: Mouton.

Chomsky, Noam (1965): *Aspects of the Theory of Syntax*. Cambridge (Mass.): MIT Press (Deutsch: *Aspekte der Syntax-Theorie*. 1970. Frankfurt am Main: Suhrkamp).

Chomsky, Noam (1966): *Cartesian Linguistics*. Cambridge: Cambridge University Press (Deutsch: *Cartesianische Linguistik* 1971. Tübingen: Niemeyer).

Chomsky, Noam (1968): *Language and Mind*. New York: Harcort Brace Jovanovich Ins. (Deutsch: *Sprache und Geist* 1973. Frankfurt am Main: Suhrkamp).

Chomsky, Noam (1977): „On wh-Movement". In: Culicover, Peter/Wasow, Thomas/Akmajian, Adrain [Hrsg]: *Formal Syntax*. New York: Academic Press. 71–132.

Chomsky, Noam (1978): „On Binding" (Ms.). Veröffentlicht in *Linguistic Inquiry* 11 (1980). 1–46.

Chomsky, Noam (1981): *Lectures on Government and Binding*. Dordrecht: Foris.

Chomsky, Noam (1982): *Some Concepts and Consequences of the Theory of Government and Binding*. Cambridge (Mass.): MIT Press.

Chomsky, Noam (1995): *The Minimalist Program*. Cambridge (Mass.): MIT Press.

Dümig, Sascha (2018): *Dreidimensionale Phonologie und der Erwerb von Protowörtern*. Dissertation Universität Frankfurt am Main. http://publikationen.ub.uni-frankfurt.de/frontdoor/index/index/docid/47167

Dümig, Sascha/Leuninger, Helen (2013): *Phonologie der Laut- und Gebärdensprache. Linguistische Grundlagen, Erwerb, sprachtherapeutische Perspektiven*. Idstein: Schulz-Kirchner Verlag.

Dümig, Sascha/Konradi, Jürgen/Leuninger, Helen (2016): „Sonority in aphasic language production: Effects oft he Sonority Dispersion Principle on Error Patterns in Demisyllables of Different Phonological Complexity." *https://www.researchgate.net/publication/332120248.*

Fasy: Frankfurter Arbeitsgruppe Syntax (1987) (Gies, Angela/Keller, Jörg/Leuninger, Helen/Rüffer, Norbert/Steinhardt, Ute): „Einführung in die Government-Binding-Theorie." *Frankfurter Linguistische Forschungen, Sondernummer 1.*

Ferdinand de Saussure (1916): *Cours de Linguistique Générale*. Lausanne/Paris: Payot.

Fodor, Janet D./Fodor, Jerry A./Garrett, Merrill F. (1975): „The Psychological Unreality of Semantic Representations." *Linguistic Inquiry* 6, 515–532.

Fodor, Jerry A. (1975): *The Language of Thought*. New York: Thomas Y. Crowell Company.

Fodor, Jerry A. (1981): *Representations*. Brighton: The Harvester Press.

Fodor, Jerry A. (1983): *The Modularity of Mind*. Cambridge (Mass.): The MIT Press.

Forschungsgruppe Neurolinguistik (2008): Klinische Linguistik im Spannungsfeld von Sprachstruktur, Therapie und Medizin. *www.researchgate.net/publication/333867637* und Frankfurter Linguistische Forschungen, Sondernummer 11.

Frege, Gottlob (1892): „Über Sinn und Bedeutung." *Zeitschrift für Philosophie und philosophische Kritik* NF 100, 25–50.

Freud, Sigmund (1904): *Zur Psychopathologie des Alltagslebens*. Berlin: Karger.

Fromkin, Victoria/Rodman, Robert (1983): *An Introduction to Language*. New York: Holt, Rinehart and Winston.

Gabriel, Markus (2018) „Schlauer als jeder Mensch?", *Frankfurter Allgemeine Sonntagszeitung* 20, 21.

Grünbaum, Adolf (1988): *Die Grundlagen der Psychoanalyse. Eine philosophische Kritik*. Stuttgart: Reclam (Original: 1984 *The Foundations of Psychoanalysis. A Philosophical Critique*. Berkeley: University of California Press).

Habermas, Jürgen (1971): „Vorbereitende Bemerkungen zu einer Theorie der kommunikativen Kompetenz." In: Habermas, Jürgen/Luhmann, Niklas [Hrsg.]: *Theorie der Gesellschaft oder Sozialtechnologie*. Frankfurt am Main: Suhrkamp. 101–141.

Hacke, Axel/Sowa, Michael (2004): *Der weiße Neger Wumbaba*. München: Antje Kunstmann Verlag.

Halle, Morris/Marantz, Alec (1993): „Distributed Morphology and the Pieces of Inflection." In: Hale, Ken/Keyser, Samuel J. [Hrsg.]: *The View from Building 20. Essays in the Honour of Sylvia Bromberger*. Cambridge (Mass.): MIT-Press. 111–176.

Happ, Daniela (2008): *Morphologie und Morphosyntax der Deutschen Gebärdensprache: Manuelle und nicht-manuelle Komponenten*. Dissertation Goethe-Universität, Frankfurt am Main.

Henscheid, Eckard (1983): *Wie Max Horkheimer einmal sogar Adorno hereinlegte*. Zürich: Haffmans.

Hofferberth, Jeanette (2020): *Sprachproduktion*. Heidelberg: Winter.

Hohenberger, Annette (2002): *Functional Categories in Language Acquisition. Self-Organization of a Dynamical System*. Tübingen: Niemeyer.

Jakobson, Roman (1969): *Kindersprache, Aphasie und allgemeine Lautgesetze*. Frankfurt am Main: Suhrkamp.

Kalverkämper, Hartwig (1979): „Die Frauen und die Sprache." *Linguistische Berichte* 62, 55–71.

Katz, Jerrold J./Postal, Paul M. (1964): *An Integrated Theory of Linguistic Descriptions*. Cambridge (Mass.): MIT Press.

Keller, Jörg/Leuninger, Helen (1991): „Kognitive Linguistik for Beginners." *Frankfurter Linguistische Forschungen, Sondernummer 3*.

Keller, Jörg/Leuninger, Helen (1993, 2. Aufl 2004): *Grammatische Strukturen – kognitive Prozesse*. Tübingen (Narr). (Übersetzt ins Koreanische 2013).

Klein, Monika/Leuninger, Helen (1988): „Gestörtes und nicht gestörtes Sprachverhalten: Zur Struktur lautlicher Fehlleistungen." *Frankfurter Linguistische Forschungen* 4, 1–20.

Klein, Monika/Leuninger, Helen (1990): „Gestörtes und nicht gestörtes Sprachverhalten: Zur Analyse lautlicher Fehlleistungen im Rahmen nicht-linearer phonologischer Theorien." 8, 1–17.

Klinkhart, Ulla (2018): „‚Ich wünsche mir ein kleines bisschen Glück, dass die Lehrer gebärden können'– Erfahrungen gehörloser SchülerInnen aus dem Zeitraum 1939–2014." *DAS ZEICHEN* 108, 62–75.

Kursbuch 5 (1966): (Enzensberger, Hans. M. [Hrsg.]): *Strukturalismus*. Frankfurt am Main: Suhrkamp.

Leischner, Anton (1943): „Die Aphasie der Taubstummen." *Archiv f. Psychiatrie* 115, 469–548.

Leuninger, Helen/Happ, Daniela (1997): „Gebärdenspracherwerb trotz Input." *Frankfurter Linguistische Forschungen* 20, 83–96.

Leuninger, Helen (1979): *Reflexionen über die Universalgrammatik*. Frankfurt am Main: Suhrkamp.

Leuninger, Helen (1982): „Eine psycholinguistische Interpretation gestörten Sprechens." *Papiere zur Linguistik* 26, 3–22.

Leuninger, Helen (1989): *Neurolinguistik. Probleme, Paradigmen, Perspektiven*. Wiesbaden: Westdeutscher Verlag.

Leuninger, Helen (1991): „Eine modulare Charakterisierung schizophrener Rede." In: Simons, Berthold/Körner, Axel. [Hrsg.)] *Gruppentherapie in der Klinischen Linguistik*. Frankfurt am Main: Lang. 121–140.

Leuninger, Helen (1993): *Reden ist Schweigen - Silber ist Gold*. Zürich: Amman Verlag (6. Aufl. 1993 und 1998 München: dtv).

Leuninger, Helen (1996): „Kinder steigen mit schlafwandlerischer Sicherheit in das System der Muttersprache ein." Interview mit J. Weissenborn. *Frankfurter Linguistische Forschungen* 19, 89–102.

Leuninger, Helen (1998): *Danke und Tschüß* fürs Mitnehmen. Zürich: Amman Verlag (1998 München: dtv).

Leuninger, Helen (2000a): „Kognitive Linguistik: Spracherwerb, Sprachkenntnis, Sprachverarbeitung." In: Niebel, Wilhelm/Horn, Angelica/Schnädelbach, Herbert [(Hrsg.]: *Descartes im Diskurs der Neuzeit*. Frankfurt am Main: Suhrkamp. 303–328.

Leuninger, Helen (2000b): „Mit den Augen lernen: Gebärdenspracherwerb." In: Grimm, Hannelore [Hrsg.]: *Enzyklopädie der Psychologie, Band 3: Sprachentwicklung*. Göttingen: Hogrefe. 229–272.

Leuninger, Helen (2001): „Das Projekt RELEX: Ein ökumenisches Lexikon religiöser Gebärden." In: Leuninger, Helen/ Wempe, Karin (Hrsg.): *Gebärdensprachlinguistik 2000. Theorie und Anwendung*. Hamburg: Signum Verlag. 171–193.

Leuninger, Helen (2003): „Sprachproduktion im Vergleich: Deutsche Lautsprache und Deutsche Gebärdensprache." In: Rickeit, Gert/Herrmann, Theo/Deutsch, Werner [Hrsg.]: *Psycholinguistik. Ein internationales Handbuch*. Berlin: de Gruyter. 707–729.

Leuninger, Helen (2006): „Sign Languages: Representation, Processing, and Interface Conditions.“ In: Lleó, Conxita [Hrsg.]: *Interfaces in Multilingualism*. Amsterdam: John Benjamins. 231–260.

Leuninger, Helen (2014): „Schriftspracherwerb auf der Basis der Deutschen Gebärdensprache: Eine besondere Form des Schriftspracherwerbs.“ In: Siekmann, Katja [Hrsg.]: *Theorie, Empirie und Praxis effektiver Rechtschreibdiagnostik*. Tübingen: Stauffenberg. 207–225.

Leuninger, Helen/Lorenzen, Anna (2020): „Verbale Ausrutscher.“ *Gehirn & Geist* 5, 34–37.

Leuninger, Helen/Meindl, Claudia (2001): „Sprachliche Vernetzung am Arbeitsplatz. Möglichkeiten und Grenzen der Bildtelefone.“ *DAS ZEICHEN* 15, 602–617.

Leuninger, Helen/Hohenberger, Annette/Waleschkowski, Eva (2007): „Sign Language: Typology vs. Modality.“ In: Schütze, Carson T./Ferreira, Victor S. [Hrsg]: *The State of the Art in Speech Error Research. MIT Working Papers in Linguistics* 53, 317–346.

Leuninger, Helen/Dümig, Sascha/Kops, Friederike/Koch, Corinna/Grimm, Teresa/Becker, Jasmin/Paul, Michèle/Schwarze, Rabea (2013): „Phonologische Komplexität: Demisilben, Paraphasien und Neologismen“. *Zeitschrift für Angewandte Linguistik* 19, 1–19.

Leuninger, Helen/Feldmann, Achim/Happ, Daniela (2000): *Handbuch und CD-ROM RELEX. Ein ökumenisches Lexikon religiöser Gebärden*. Frankfurt am Main

Leuninger, Helen/Hohenberger, Annette/Vogel, Elke (2005): „Zur Verarbeitung morphologischer Informationen in der Deutschen Gebärdensprache (DGS).“ In: Leuninger, Helen/Happ, Daniela [Hrsg.]: Gebärdensprachen: Struktur, Erwerb, Verwendung. *Linguistische Berichte, Sonderheft 13*, 325–358.

Leuninger, Helen/Miller, Max/Müller, Frank (1972): *Psycholinguistik. Ein Forschungsbericht*. Frankfurt am Main: Athenäum.

Leuninger, Helen/Vorköper, Marc-Olive/Happ, Daniela (2004): „Schriftspracherwerb und Deutsche Gebärdensprache." In: Baumann, Monika/Ossner, Jakob [Hrsg.]: *Diagnose und Schrift II: Schreibfertigkeiten. OBST Osnabrücker Beiträge zur Sprachtheorie* 67, 27–63.

Mead, George Herbert (1934): *Mind, Self and Society from the Standpoint of a Social Behaviorist*. Chicago: University of Chicago Press (Deutsch: Geist, Identität und Gesellschaft aus der Perspektive des Sozialbehaviorismus (1973). Frankfurt am Main: Suhrkamp).

Meindl, Claudia/Leuninger, Helen (2000): „Sprachliche Vernetzung am Arbeitsplatz. Arbeitspsychologische und psycholinguistische Aspekte der Bildtelefonie." Zwischenbericht der wissenschaftlichen Begleitforschung zum Projekt „Optimierung der Kommunikation von gehörlosen Menschen am Arbeitsplatz" („Telesign"). *Gebärdensprachforschung Universität Frankfurt am Main*.

Meringer, Rudolf/Mayer, Carl (1895): *Versprechen und Verlesen. Eine psychologisch-linguistische Studie*. Stuttgart: G.J. Göschen'sche Verlagsbuchhandlung (wieder abgedruckt 1978. Amsterdam: John Benjamins).

Mikelskis, Helmut (2018): *Bachelor an Master of Disaster – Abschied von einem Universitätsstudium als Ort humaner Bildung*. Reihe ZeitZeugnis. Berlin: Frank & Timme.

Newkirk, Don/Klima, Edward S./Peddersen, Carlene/Bellugi, Ursula (1980): „Linguistic Evidence from Slips oft he Hand." In: Fromkin, Victoria [Hrsg]: *Errors in Linguistic Performance. Slips oft he Tongue, Ear, Pen, and Hand*. New York: Academic Press. 165–199.

Pfau, Roland (2009): *Grammar as Processor*. Amsterdam: John Benjamins.

Pinker, Steven (1994): *The Language Instinct*. New York: William Morrow and Company (Deutsch: Der Sprachinstinkt. 1996. München: Kindler).

Popper, Karl (1935): *Zur Logik der Forschung*. Wien: Springer Verlag.

Putnam, Hilary (1970): „Is Semantics Possible?“ *Metaphilosophy* 1, 187–201.

Schade, Ulrich (1999): *Konnektionistische Sprachproduktion.* Wiesbaden: DUV.

Stillich, Sven (2011): *Hau auf die Leberwurst. Die besten Verhörer der Musikgeschichte.* Berlin: Ullstein.

Tracy, Rosemarie (1996): „Vom Ganzen und seinen Teilen: Fallstudien zum doppelten Erstspracherwerb.“ *Sprache und Kognition* 15, 70–92.

Trubetzkoy, N. S. (1939): *Grundzüge der Phonologie.* Travaux du Cercle Linguistique de Prague. Prag (7. Aufl. Göttingen 1977. Vandenhoeck & Ruprecht).

Twain, Marc (1880): *The Awful German Language.* Hartford: American Publishing Company (Deutsch: 2010: *Die schreckliche deutsche Sprache.* Köln: Anaconda Verlag).

Wiese, Richard (1987): „Versprecher als Fenster zur Sprachstruktur.“ *Studium Linguistik* 21, 45–55.

ZeitZeugnis. Vitale Historiographien aus den Wissenschaften

Bd. 1 Hartwig Kalverkämper: Wissenschaft als Berufung.
250 Seiten. ISBN 978-3-7329-0195-1

Bd. 2 Richard Brütting: Italien – erlebt, erzählt, erforscht.
Von frühen Italienreisen zu Italienischen Kulturstudien.
252 Seiten. ISBN 978-3-7329-0368-9

Bd. 3 Helmut F. Mikelskis: Bachelor and Master of Disaster – Abschied von einem Universitätsstudium als Ort humaner Bildung? 122 Seiten. ISBN 978-3-7329-0383-2

Bd. 4 Ludwig Stockinger: Germanistische Literaturwissenschaft nach der deutschen Einheit. Ein Leipziger Erfahrungsbericht. 318 Seiten. ISBN 978-3-7329-0605-5

Bd. 5 Helen Leuninger: Universum Universität.
Akademische Episoden aus fünf Jahrzehnten.
150 Seiten. ISBN 978-3-7329-0675-8

Bd. 6 Jürgen Lehmann: Wege nach Westen – Wege nach Osten.
Erinnerungen an eine Jugend in Deutschland.
260 Seiten. ISBN 978-3-7329-0736-6

Bd. 7 Ulla Fix: Sprachwissenschaftlerin zwischen *Ost* und *West*.
Erlebnisse, Überlegungen und Erfahrungen.
194 Seiten. ISBN 978-3-7329-0756-4

Frank & Timme